AS
ENGRENAGENS
DA

AS ENGRENAGENS DA VIDA

3ª edição revista e atualizada

Marta Kasznar
Daniela Dwyer

Editora Senac Rio —
Rio de Janeiro — 2022

As engrenagens da moda © Marta Kasznar e Daniela Dwyer, 2000.
Direitos desta edição reservados ao Serviço Nacional de Aprendizagem Comercial –
Administração Regional do Rio de Janeiro.
Vedada, nos termos da lei, a reprodução total ou parcial deste livro.

Senac RJ

Presidente do Conselho Regional
Antonio Florencio de Queiroz Junior

Diretor Regional
Sergio Arthur Ribeiro da Silva

Diretor de Operações Compartilhadas
Pedro Paulo Vieira de Mello Teixeira

Diretor de Educação Profissional Interino
Claudio Tangari

Editora Senac Rio
Rua Pompeu Loureiro, 45/11º andar
Copacabana – Rio de Janeiro –
CEP: 22061-000 – RJ
comercial.editora@rj.senac.br
editora@rj.senac.br
www.rj.senac.br/editora

Editora: Daniele Paraiso

Produção editorial: Cláudia Amorim
(coordenação), Manuela Soares
(prospecção), Andréa Regina Almeida,
Gypsi Canetti e Michele Paiva (copidesque
e revisão de textos), Julio Lapenne, Priscila
Barboza, Roberta Silva e Vinícius Silva
(design)

Impressão: Imos Gráfica e Editora Ltda.

3ª edição revista e atualizada: novembro
de 2022

CIP-BRASIL. CATALOGAÇÃO NA PUBLICAÇÃO
SINDICATO NACIONAL DOS EDITORES DE LIVROS, RJ

F321e
3. ed.
    Feghali, Marta Kasznar
       As engrenagens da moda / Marta Kasznar Feghali, Daniela Dwyer. - 3. ed., rev. e
atual. - Rio de Janeiro : Ed. SENAC Rio, 2022.
       152 p. : il. ; 21 cm.

       ISBN 978-65-86493-90-0

       1. Moda. 2. Vestuário. 3. Pesquisa de mercado. I. Dwyer, Daniela. II. Título.

22-81335	CDD: 746.92
	CDU: 746.4

Meri Gleice Rodrigues de Souza - Bibliotecária - CRB-7/6439

As imagens de uso contratualmente licenciado, aqui inseridas nas aberturas de capítulo,
pertencem à Freepik e são utilizadas para fins meramente ilustrativos.

SUMÁRIO

7 APRESENTAÇÃO DA 3ª EDIÇÃO

9 APRESENTAÇÃO DA 2ª EDIÇÃO

11 INTRODUÇÃO

15 CAPÍTULO 1: O desafio de inventar moda

O lado prático da história **15**
Como entender a área de moda no Brasil **26**
Como a área de moda chegou ao estágio atual **29**

33 CAPÍTULO 2: Um pouco de história

Estados Unidos × Europa **46**
A cara do futuro **50**

53 CAPÍTULO 3: Indústria e tecnologia

Os novos tempos **53**

75 CAPÍTULO 4: Os mil e um mercados da moda

Públicos e produtos que compõem as principais
facetas do mercado da moda **76**

87 CAPÍTULO 5: Raio X da moda

Onde estão as oportunidades profissionais? **87**
A moda como um bom negócio **106**

119 CAPÍTULO 6: Sustentabilidade: a moda consciente

135 CAPÍTULO 7: Rumos do setor

A empresa do futuro **136**
As tendências do varejo **138**
A internet **143**
Pontos de venda diferenciados **144**
Lojas conceito: lojas de "estilo de vida" **146**
O mundo de olho no mercado brasileiro **146**
A geração "Z" **147**

150 PALAVRA FINAL

APRESENTAÇÃO
DA 3ª EDIÇÃO

É uma honra prefaciar este livro de Daniela Dwyer e Marta Kasznar, que apresenta o relevante e fascinante universo da moda. A área destaca-se não só pela importância na economia como também pela expressão de personalidades, inovação, tecnologia, design e numerosos segmentos correlatos. Trata-se de uma atividade que está longe de ser frívola, como às vezes é rotulada. Ao contrário, sempre foi fundamental.

A moda nos protege do frio, do calor, do sol e da chuva desde a Pré-História. Foi evoluindo com a sociedade e a civilização. Tornou-se, também, um meio de expressão de cultura, conjunturas históricas, políticas e econômicas de cada povo e do mundo, refletindo tudo isso de modo bem intenso.

Por outro lado, a moda conversa com várias outras atividades relacionadas à economia criativa, como se observa no Brasil, protagonista na área. Nossa indústria têxtil e de confecção é uma das cinco maiores do mundo, integra todos os elos da cadeia de valores, da produção de fios e fibras naturais, sintéticas e artificiais, passando pelos tecidos, até a fabricação de roupas. Emprega cerca de 1,5 milhão de pessoas em todo o país, com 75% da força de trabalho constituídos por mulheres.

Ao observar a moda hoje, fica muito claro que terá regulamentação mais intensiva em razão da agenda da governança ambiental, social e corporativa (ESG), que impõe novos desafios aos profissionais e a toda a cadeia de produção, distribuição e serviços. Em nosso país, trabalhamos com foco no documento *Têxtil 2030*, que abrange pilares cruciais em linha com os objetivos de desenvolvimento sustentável (ODS) da ONU: economia circular, indústria 4.0, matérias-primas renováveis, rastreabilidade, combate às mudanças climáticas, redução do uso de insumos, trabalho digno e em ambientes seguros e respeitosos. Em todas essas frentes, o Brasil também desponta como protagonista.

No cenário que permeia o país, o mundo e a moda, novas profissões estão surgindo. Um exemplo é o ecodesigner, cujo papel torna-se relevante no ato da criação de um produto, visando à escolha dos materiais adequados à utilização de uma nova aplicação ao final de seu primeiro ciclo. Tudo isso fortalece o aporte tecnológico, como se observou na Copa do Mundo do Catar, no final de 2022, a que mais incorporou avanços e inovações, como sensores nas bolas e nas camisas.

A evolução do vestuário passa muito pela questão das matérias-primas, incorporação de tecnologia e microtecnologia, e principalmente avanços advindos das áreas médica, esportiva e de defesa/militar. As novidades vão chegando ao mercado e se tornam acessíveis a todos os consumidores.

A moda tem um futuro promissor e, ao mesmo tempo, desafiador. Será necessário atender a uma população mundial de aproximadamente 10 bilhões de habitantes no ano de 2050, sem continuar "sacando do cheque especial" do meio ambiente, do aquecimento terrestre e dos recursos naturais do planeta.

Este livro é uma importante referência para quem se interessa pelo tema, os que já atuam na área, os que estão chegando ao mercado, bem como para professores e alunos. Sua leitura contribui para melhor compreensão de todo esse contexto e dos caminhos a serem percorridos pela moda no presente e no futuro.

Fernando Valente Pimentel

PRESIDENTE DA ASSOCIAÇÃO BRASILEIRA DA INDÚSTRIA
TÊXTIL E DE CONFECÇÃO (ABIT)

APRESENTAÇÃO DA 2ª EDIÇÃO

É um universo fascinante. A princípio, tudo é glamour: desfiles superproduzidos, modelos poderosas, criadores de estilo ditando o presente e definindo o futuro, os flashes... Tudo apontando ser esse o melhor caminho para o sucesso, a fama e o dinheiro. Um cenário mágico que tem atraído muita gente, jovens principalmente, na esperança de uma carreira bem-sucedida na moda.

Nessa área, porém, o caminho para o êxito não é nada fácil. Ele é complexo, feito de trabalho duro e muita informação técnica, cultural e tecnológica. Conhecer a moda para além de sua aparência fútil e em todas as suas facetas é o melhor começo para o desenvolvimento de uma carreira de sucesso.

A partir dos anos 1990, a moda brasileira se profissionalizou, tornou-se um setor de grande importância na economia nacional, ao mesmo tempo que as escolas de estilo começaram a brotar pelo país. A tecnologia chegou para ser um dos pontos de apoio da moda contemporânea, tanto na área da criação quanto na da produção.

Além disso, conhecer a história da moda e as transformações pelas quais a sociedade passou é fundamental para desenvolver a capacidade criativa. É por meio do domínio do passado que se pode criar algo realmente original para o futuro.

Está longe o tempo em que com apenas intuição e bom gosto uma pessoa podia criar e produzir uma coleção. Desde o primeiro capítulo de *As engrenagens da moda*, as autoras acentuam que fazer moda atualmente implica muita pesquisa e informação, além do domínio do corte e da modelagem e do conhecimento de todas as possibilidades da tecnologia e do marketing.

Quanto mais a pessoa acumular conhecimento sobre esse mercado, mais ela estará preparada para os desafios e para a competição que ele exige. Afinal, seja qual for a atividade escolhida, o mercado de moda é muito valorizado e quem trabalha nele não para nunca. Antes mesmo de terminar uma coleção, já está na hora de pensar a próxima.

Ao expor com clareza e concisão todos os diversos assuntos nas diferentes áreas da moda, Daniela Dwyer e Marta Kasznar Feghali fazem uma espécie de raio X desse mercado no Brasil e de sua posição no exterior. As informações são variadas e abrangentes, escritas de forma objetiva tanto para profissionais e estudantes do setor quanto para os interessados em uma visão objetiva e ampla do funcionamento e das diferentes possibilidades de um mercado que é um dos grandes negócios do mundo moderno.

Regina Martelli

Consultora de moda

INTRODUÇÃO

Mergulhamos fundo neste universo tão complexo e cheio de vertentes que é a moda, com a intenção de motivar a descoberta e a identificação de todo o potencial de um mercado que tem gerado as mais diversas oportunidades de trabalho no mundo inteiro. Alcançamos nosso objetivo ao produzir, com muito entusiasmo, um livro que pode ser utilizado como espécie de guia para entender a moda fora dos limites do glamour e da fama.

Mais do que cor e textura, passarela e vitrine, movimentos e interesses, os capítulos sobre história, evolução, mercado, tecnologia, negócios, entre outros, mostram que moda abrange um universo de ampla repercussão cultural e econômica. As oportunidades profissionais desse campo não só existem como crescem a cada dia, em um processo diversificado, contínuo e cada vez mais aberto a todos os tipos de talentos.

Um dos pontos importantes deste livro – tratado no primeiro capítulo – é a pesquisa de moda. É com base nela que se deslancham as tendências, bem como todo o processo se desencadeia. Ainda na parte inicial, traçamos um panorama da área no Brasil e no mundo, e indicamos a direção de seu desenvolvimento.

Com a abordagem dos principais momentos da fascinante história da moda, delineamos sua evolução ao longo dos séculos, em meio a culturas tão diferentes. Nessa trajetória, percebemos que a moda significa muito mais que uma coleção de conceitos fúteis. A moda evoluiu e continuará a evoluir paralelamente ao mundo, muitas vezes sendo representativa a ponto de definir a classe social e a profissão de quem a adota.

Como não se pode falar de moda atual sem entender as transformações tecnológicas que a vêm revolucionando, dedicamos um capítulo inteiro a esse tema. Com essas mudanças, que hoje incluem os negócios online, tem sido possível disseminar informações pelo mundo, agilizar processos fabris e melhorar a qualidade de produtos, entre outras conquistas importantes, seja para profissionais e estudantes da área, seja para quem simplesmente gosta de moda.

Também assinalamos que o conhecimento das principais subdivisões do mercado da moda é outro aspecto de primeira necessidade para os que desejam se estabelecer na área. Já se foi o tempo em que a moda era quase que integralmente voltada para atender a seus públicos básicos – masculino e feminino – e de maneira uniforme. A dinâmica da moda requer cada vez mais especialização em segmentos diferenciados, como infantil, lingerie, jeanswear, moda praia e plus size, entre outros que serão abordados no Capítulo 4. Todos os novos mercados criados por diferentes culturas e pelo próprio setor merecem a devida atenção, pois não só são potenciais geradores de emprego e capital como também suprem os desejos e as necessidades de públicos distintos.

Ao pensar em especial nos que estão ingressando nesse mercado, elaboramos um guia das principais profissões encontradas na indústria e no varejo de moda. Alertamos que a necessidade de aprimorar a bagagem técnica torna-se cada vez maior, uma vez que a exigência por profissionais altamente qualificados já é realidade em alguns segmentos. Ressaltamos ainda o aspecto da moda como "um bom negócio", partindo da origem dos mercados até os empreendimentos da atualidade em seus mais variados formatos, entre os quais e-commerce, franquias, shopping centers e lojas de departamentos.

Em concomitância ao desenvolvimento tecnológico, abordamos também os temas transparência e sustentabilidade nos processos de fabricação. O mercado de moda precisa tratar esse posicionamento com seriedade e entender como ele está regendo os caminhos de empresas em todo o mundo. Não há mais como virar as costas para tamanha responsabilidade humana e ambiental.

Finalizamos este livro com uma abordagem sobre os rumos que a área de moda está seguindo, considerando as tendências globais do comércio – cujo foco se direciona cada vez mais para o consumidor –, bem como a posição do Brasil no mercado internacional da moda como exportador de profissionais e estilos.

As informações relacionadas são fruto de extensa pesquisa e de consulta a diversas fontes especializadas, às quais o leitor também pode ter acesso em "Para saber mais", espaços destacados em algumas seções.

Esperamos que *As engrenagens da moda* seja um incentivo àqueles que, como nós, se entusiasmam a cada dia com esse universo ilimitado.

Boa leitura!

O desafio de inventar moda

O LADO PRÁTICO DA HISTÓRIA

Uma pessoa que deseja trabalhar com estilo deve adotar, como primeira medida, entrar em contato com as instituições que oferecem cursos na área de moda. Essas instituições se agrupam em faculdades, escolas e institutos. São organizações que têm em seus quadros experts em moda e especialistas nos muitos segmentos relacionados ao tema. Em pesquisa na plataforma e-MEC (2019), base oficial de dados sobre Instituições de Educação Superior (IES) e cursos de graduação do Sistema Federal de Ensino, havia 243 registros de graduações em moda. Esse número foi obtido por meio da ferramenta "busca avançada", utilizando como critérios os termos "moda" e "design de moda", e como filtros as palavras "bacharelado" e "tecnológico".[1]

A cadeia de moda viabiliza inúmeras oportunidades profissionais e, com o desenvolvimento da economia da moda brasileira, muitos profissionais de áreas afins têm sido atraídos, entre os quais designers industriais, artistas, administradores e arquitetos.

Diversas universidades autorizadas pelo Ministério da Educação (MEC) oferecem curso superior de Design de Moda, em grau de ba-

---

[1] ABIT TÊXTIL E CONFECÇÃO. "Perfil do setor". Disponível em: http://www.abit.org.br/cont/perfil-do-setor. Acesso em: 6 out. 2022.

charelado ou tecnológico. Geralmente, o curso de bacharelado tem duração de quatro anos, e o tecnológico, em média, dois anos. Em ambos os cursos, o estágio é obrigatório.

Os cursos apresentam estruturas bastante parecidas e incluem aulas de pesquisa de moda, compras, marketing, desenho de moda, desenho técnico, planejamento de coleção, modelagem, costura, história da indumentária e desenho de estamparia. Por meio do estudo, os alunos compreendem a moda como um universo amplo e começam a identificar mais claramente sua relação com outros segmentos e sua interferência na economia e na história.

As atividades de monitoramento de moda ou a pesquisa de moda analisam a informação de áreas distintas, como economia, política, sociologia, ciência e tecnologia, até chegar à formulação de prognósticos na forma de tendências.

Muitas variantes de uma mesma história se cruzam e entrecruzam, tornando-se parte do mesmo enredo, abordando uma etnografia da área e tendo por fio condutor a integração dos vetores em uma grande engrenagem.

Especialistas avaliam que a troca da atitude instintiva pelo aprendizado direcionado garantirá, muito provavelmente em curto prazo, aumento da qualidade das atividades desenvolvidas na área da moda, diminuindo perdas, em particular de tempo e dinheiro. Esse fato é dos mais significativos, já que a moda se desenvolve em um eterno e alucinante ritmo, e cada erro pode significar atrasos na produção e perda de vendas.

O surgimento de escolas deverá fazer com que o mercado brasileiro de moda se desenvolva com maior eficiência e melhor preparo, motivando a melhoria do nível de produtos e serviços oferecidos ao consumidor.

Ao sair das escolas, já com conhecimento básico de como funciona esse mercado, os profissionais de moda deverão passar ainda por um processo de aprendizado adicional e entender que na moda tudo funciona com um pé plantado no presente e outro no futuro.

Sem descanso

Enquanto as pessoas estão preocupadas com o que vestir na primavera/verão, os estilistas estão de olho nas tendências de outono/inverno e vice-versa. O trabalho do estilista não para. Mal conclui uma coleção, já é hora de começar a preparar a próxima. Muitas vezes, nem mesmo uma coleção foi inteiramente finalizada e o estilista já está pensando alguns detalhes da que vem a seguir.

Embora se possa prever o sucesso de uma coleção, os estilistas devem investir uma parte dos lucros em uma espécie de seguro contra o fracasso: a pesquisa. A melhor forma de obter informações sobre a moda é buscar informações na fonte, por meio das feiras internacionais – sobretudo as que acontecem na Europa e em Nova York –, nas revistas especializadas da área, assim como em sites e portais da internet relativos à moda.

Os profissionais de moda, se possível, devem viajar a Paris, Milão, Londres e Nova York, principais vitrines de tendências, para buscar inspiração e avaliar o que pode ou não ser adaptado. A moda é um negócio que gira milhões de dólares; por essa razão, a maior parte das grifes faz suas coleções com base em uma ou mais tendências propostas pelos grandes criadores.

Com a globalização, as coleções em todo o mundo apresentam-se com temas e inspirações muito semelhantes, o que acaba reduzindo a margem de erro do estilista. Os profissionais de moda costumavam viajar para fora do país pelo menos duas vezes por ano: fevereiro ou março, para conhecer as tendências de inverno, e setembro ou outubro, com a finalidade de colher informações para a coleção de verão.

Com os altos custos das viagens internacionais, muitas dessas pesquisas têm sido feitas online nos sites das próprias feiras e das marcas. A depender de como o designer de moda absorva e trabalhe as tendências apresentadas, esse formato sai mais barato e tão eficaz quanto a pesquisa feita in loco. Não é mais necessário viajar ao exterior para garantir uma boa pesquisa de moda, pois é possível conseguir informações de peso online. Nesse sentido, a internet também transformou o mundo da moda.

AS ENGRENAGENS DA MODA
Moda cíclica em movimento de rotação e perpétua mudança

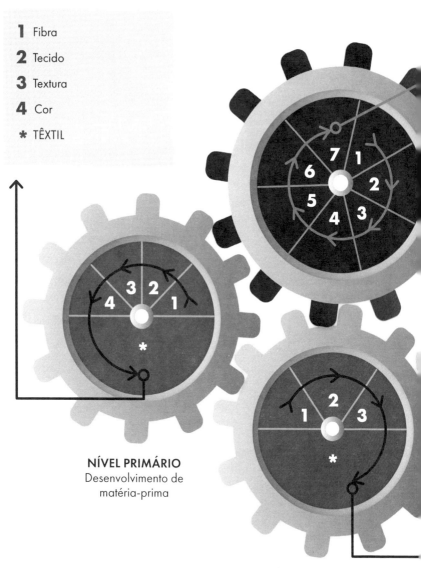

1 Fibra
2 Tecido
3 Textura
4 Cor
* TÊXTIL

NÍVEL PRIMÁRIO
Desenvolvimento de matéria-prima

NÍVEL SECUNDÁRIO
Design – Corte – Confecção do produto acabado

1 Consultores
2 Serviços de previsão de tendências
3 Associações profissionais
4 Escritórios de compra
5 Agência de publicidade
6 Bureau de style
7 Comércio de publicações

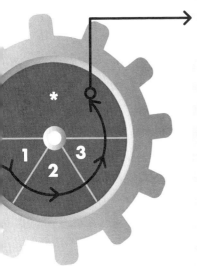

1
- Lojas de departamentos
- Lojas de setores específicos
- Ateliês de designers
- Marca/grifes
- Shopping centers

2
- Sistema de variedade
- Margem baixa
- Operação
- Outlet

3
- Desfiles/metaverso
- Marketing/branding
- Consultoria de estilo
- Stylist

* MODA (o *look* total)

NÍVEL TERCIÁRIO
Compra – Venda – Promoção

1 Vestido
2 Acessório
3 Sapato
* MANUFATURA

Muitas vezes, os estilistas compram roupas no exterior e trazem peças para servir de inspiração. Outros anotam detalhes interessantes que, mais tarde, vão aparecer em suas coleções. Muitos donos de confecção, estilistas e compradores visitam lojas e shoppings estrangeiros munidos de cadernos e canetas. Há também quem prefira fotografar os modelos mais interessantes. As novas tendências podem tanto estar expostas em uma vitrine quanto ser percebidas nas ruas.

Uma alternativa de campo de pesquisa mais barata que as viagens (além da internet) são as revistas estrangeiras, como *Marie Claire*, *Elle*, *Vogue* e *Bazaar*. Existem dois tipos de revistas: as internacionais de tendência e as periódicas, vendidas nas bancas. As de tendência, como a italiana *Collezionni*, são consideradas bíblias para os pesquisadores e costumam ser lançadas duas vezes por ano. O lançamento acompanha as estações primavera/verão e outono/inverno, e sua publicação ocorre com muita antecedência, pois serve de base para pesquisas. Com fotos dos maiores desfiles realizados nas grandes capitais da moda, essas revistas são o meio de comunicação do que realmente mostraram as passarelas, isto é, a produção dos criadores e designers de moda.

Existem ainda os cadernos de tendências (*bureaux de style*). Estes estabelecem as diretrizes para a próxima estação, definindo os quatro pilares que determinarão a moda em todo o mundo: silhueta, tecido, cor e textura. Os *bureaux de style* apontam as tendências da moda, porém as revistas especializadas no tema é que publicam as fotos dos desfiles de lançamento das coleções e confirmam os rumos da moda.

As revistas periódicas vendidas nas bancas têm características diferentes. Em primeiro lugar, são lançadas com antecedência mínima e informam ao público o que vai acontecer na moda em um mês (muitas delas são mensais); desse modo, os profissionais da área se atualizam. Em segundo lugar, seu design de capa e seu conteúdo são finamente regulados com as tendências da estação presente. Assim, por meio delas, o leitor fica sabendo o que está à venda nas lojas (ou o que será vendido em breve), as cores em voga, os lugares badalados, entre outras informações do dia a dia.

As engrenagens da moda
CAPÍTULO 1

Tanto as revistas de tendência quanto as periódicas abrangem diferentes segmentos do mercado. As de tendência, por exemplo, dividem-se entre os setores masculino, feminino, infantil, de acessórios e de marketing e comportamento. A divisão das revistas periódicas dá-se de forma um pouco diferente. Por não serem veículos de pesquisa, e sim direcionados ao público em geral, atendem a segmentos como: mulheres que são ligadas em moda (*Vogue/Elle*); mulheres que gostam de moda, mas que também querem ler matérias em geral (*Marie Claire*); mulheres que põem "a mão na massa" e costuram as próprias roupas (*Manequim/Moda Moldes*). Enfim, cada uma, à sua maneira, fornece informações atuais e pertinentes aos interessados em moda. Nos últimos anos, o mundo digital tem espalhado o seu domínio e ganhado muitos espaços. Hoje em dia, essas publicações de moda têm a sua versão digital.

Por meio dessas publicações e da internet, os estilistas também ficam sintonizados com as cores, os tecidos, as estampas e as padronagens[2] que serão usados na estação seguinte.

VOGUE

A *Vogue*, uma das dez revistas mais conceituadas e considerada a "bíblia" da moda mundial, está presente em mais de noventa países, com 12 edições anuais, além de fotos de produções de moda, tendências e coleções do momento. A edição italiana lança conceitos e tem apelo visual mais forte. A *Vogue* inglesa é uma revista com muita informação e mostra a moda mais rebuscada conceitual: as peças de roupas são muito bem escolhidas e as seções, inteligentes. Lançada nos Estados Unidos em 1892, tornou-se um verdadeiro guia de moda, especialmente quando passou a ser comandada por Anna Wintour. A revista chegou ao Brasil em 1975.[3]

---

[2] INDÚSTRIA TÊXTIL E DO VESTUÁRIO. "Apostila de padronagem têxtil". Disponível em: http://textileindustry.ning.com/forum/topics/apostila-de-padronagem-textil. Acesso em: 6 out. 2022.

[3] VOGUE. Disponível em: www.vogue.com/http://vogue.globo.com. Acesso em: 2021.

ELLE

A revista feminina francesa mais famosa existe em mais de cinquenta países, inclusive no Brasil, e conta com leitoras de 25 a 50 anos. *Elle*, uma das revistas de moda mais conhecidas do mundo, espelha uma sociedade em constante movimento, responsável pela evolução do mercado de moda e do comportamento feminino.[4]

marie claire

Criada em 1937 na França, tem sua versão brasileira, mas é uma das revistas internacionais de comportamento e moda mais conhecidas. Em seus editoriais, apresenta a moda comercial por meio de *looks* que coordenam modelos e cores em alta na estação, além de entrevistas de comportamento feminino. É dirigida a leitoras mais intelectualizadas e não traz apelo sexual exagerado.[5]

BAZAAR

Uma das revistas de moda mais antigas do mundo, publicada pela primeira vez em 1867, combina moda com referências artísticas. Traz uma versão brasileira que é referência e fonte de estilo para as mulheres que gostam de moda, trabalham e respiram moda com muito luxo.

Revistas especializadas nacionais

- **Revista Têxtil** – enfoca a tecnologia têxtil;[6]
- **Textília** – já se encontra em formato digital, aborda a tecnologia têxtil, da matéria-prima ao acabamento.[7]

---

[4] ELLE. Disponível em: www.elle.abril.com.br. Acesso em: 2021.

[5] MARIE CLAIRE. Disponível em: http://revistamarieclaire.globo.com. Acesso em: 2021.

[6] REVISTA TÊXTIL. Disponível em: www.revistatextil.com.br. Acesso em: 2021.

[7] TEXTÍLIA. Disponível em: www.textilia.net. Acesso em: 2021.

Revistas de moda especializadas por segmento

Masculino

L'Uomo Vogue, Uomo Collezioni, Fucking Young (info@fuckingyoung.es), *Victor Magazine e Hero Magazine.*[8]

Feminino

Book Moda, Collezioni Donna, Elle, Vogue, Glamour, Fashion Show, Gap Press Collections, Fashion Guide, Collezioni Moda In., Seventeen, L'Officiel e Passerella di Donna (esta última somente digital, não se encontra mais versão impressa).

Infantil

Sesame Kids Fashion Magazine[9] é uma revista de moda japonesa de moda infantil (dot.asahi.com;sesame/), *Collezioni Bambini, Vogue Bambini, Milk Magazine, Studio Bambini, 0/3 Baby Collezioni, Kids Fashion, Children's Business, Youngsters, Katwalk, La Petite, Little Style e Fashion Kids.*

Cores e tecidos

Trends Collezioni, International Textile Report e Textile View.

Roupa íntima e banho

Cyl Moda Intima, Intima Moda, Intimo Piu Maré, Linea Intima, Beachwear Forecast International.

Malharia

Maglieria Italiana, Moda Línea Maglia e Fashion Trends Sportwear.

---

[8] HERO MAGAZINE. Disponível em: hero@hero-magazine.com. Acesso em: 2021.

[9] INSTAGRAM. Disponível em: https://instagram.com/sesame_kids_fashion_magazine?igshid=YmMyMTA2M2Y. Acesso em: 2021.

Esportivo e streetwear

Sportswear International (edições americanas e europeia), *Surfer, Sport & Style, Collezioni Sport & Street, Saz Sports Fashion Magazine.*

Em muitas empresas, a opção é fazer pesquisas em publicações para não arcar com os elevados custos das viagens, contudo nada substitui a pesquisa *in loco*. As ruas, por exemplo, são locais ricos em informações que raramente são transmitidas em revistas. Delas, surgem inspirações conceituais e de comportamento que tornam a criação mais embasada, substituindo assim a prática da cópia. Já se fazem pesquisas no Brasil com relativa garantia de qualidade de dados, mas são as viagens que tendem a enriquecer as criações.

Uma vez concluída a pesquisa, o passo seguinte é colocar as ideias no papel ou em um programa de design para computador. Na fase de criação, é importante verificar se há tecidos que casem com as inspirações. As confecções costumam receber visitas regulares de representantes de fábricas de tecelagem, que apresentam cartelas com todos os padrões disponíveis para a próxima estação. Algumas vezes, o estilista não encontra determinado tecido e tem de optar pela importação, mas, hoje em dia, as tecelagens nacionais estão fabricando tecidos e malhas com bastante variedade.

Depois das padronagens encomendadas e das roupas traçadas, é a vez de o modelista entrar em cena. Com lápis, papel pardo, réguas e esquadro, ele amplia e coloca na proporção correta o desenho do estilista. Nas confecções com recursos tecnológicos mais avançados, esse processo é feito digitalmente por programas específicos de modelagem. Quando o molde está pronto, ele é entregue a um pilotista, como é chamado o costureiro encarregado de fazer as primeiras peças de uma coleção. Depois de montada, a roupa passa pelo processo de prova. Pode ocorrer de a peça ter de ser refeita várias vezes para ficar exatamente como foi idealizada.

Com o aval do estilista e do modelista, é a vez de a peça entrar em produção. Uma coleção de roupas, em geral, não tem menos de oitenta peças. Um grande criador pode chegar a ter até trezentas unidades. Essa etapa envolve todos os funcionários da confecção, do corte ao acabamento, passando pela costura e passadoria.

A produção não pode parar ou sofrer atrasos, para evitar a falta de produtos nas lojas; portanto, o trabalho tem de ser absolutamente sincronizado para que nenhum funcionário fique ocioso. Hoje, a concorrência se faz no estilo, no design e na moda, exigindo capacidade de organizar a produção de forma flexível, a fim de possibilitar respostas rápidas às mudanças de tendências e às demandas do consumidor.

Terminada a coleção, há ainda outro trabalho: a campanha de lançamento. Muitas vezes, é essa etapa que determina o sucesso da marca. Para uma boa divulgação, muitos donos de confecção estão recorrendo, cada vez mais, a produtores de moda, influenciadores digitais e assessorias de imprensa. Os produtores ficam responsáveis por colocar peças em jornais, revistas e catálogos, e as assessorias de imprensa, por encaixar matérias e notas em mídias variadas. Os influenciadores digitais usam seus perfis em mídias sociais para apontar as peças que mais se encaixam no seu gosto e, consequentemente, no gosto de seus seguidores. Um desfile bem organizado pode arrematar o processo de divulgação. Exige investimento um pouco maior, mas, em função de seu amplo alcance e apelo, pode garantir resultados importantes e bastante expressivos em termos financeiros para uma fábrica ou grife de moda.

Em razão da covid-19 e como efeito dos lockdowns em todo o mundo, reunir centenas de pessoas em uma sala de desfile passou a ser proibido em 2020. No entanto, a indústria da moda mais uma vez se reinventou e muitas grifes conseguiram apresentar as suas coleções digitalmente em desfiles virtuais e fashion films. Com essa atitude, apesar de ter sofrido muito com a diminuição de vendas, o ciclo da moda não parou por completo.

COMO ENTENDER A ÁREA DE MODA NO BRASIL

Capacidade produtiva, produção, faturamento e emprego

Vamos entender o perfil do setor segundo dados da Associação Brasileira da Indústria Têxtil e de Confecção (Abit).[10]

O setor de moda resultou em um consumo aproximado de R$ 220,6 bilhões no ano de 2018, um valor equivalente a R$ 1.061,00 *per capita*. A estimativa é que esses números continuem a aumentar. O segmento ficou atrás somente da indústria alimentícia, que vendeu R$ 560,8 bilhões no último ano. Os números foram disponibilizados pelo diretor titular do Comitê da Cadeia Produtiva da Indústria Têxtil, Confecção e Vestuário (Comtextil) da Fiesp durante a reunião plenária do Comitê, no dia 25 de junho de 2019.[11]

A indústria da moda ocupa o segundo lugar tanto entre os maiores empregadores na indústria de transformação quanto entre os principais geradores do primeiro emprego. Isso representa 16,7% dos empregos e 5,7% do faturamento da indústria de transformação.

O Brasil detém a quinta maior indústria têxtil do mundo, com uma história que já dura mais de duzentos anos, além de ser o quarto maior em confecção. O país, único da América do Sul a ocupar lugar de destaque no setor, responde por 2,4% da produção mundial de têxteis e por 2,6% da produção mundial de vestuário.

A indústria têxtil emprega, atualmente, 1,7 milhão de pessoas de forma direta. Destas, 75% são mulheres, o equivalente a 1,275 milhão de trabalhadoras no mercado.

---

[10] ABIT TÊXTIL E CONFECÇÃO. "Dados gerais do setor referentes a 2018 atualizados em dezembro de 2019". Disponível em: https://www.abit.org.br/cont/perfil-do-setor. Acesso em: 2021.

[11] BELÉM.COM.BR. "Setor têxtil e de vestuários deve crescer 13,6% no Brasil até 2023". Disponível em: https://belem.com.br/noticia/405/setor-textil-e-de-vestuarios-deve-crescer-13-6-no-brasil-ate-2023. Acesso em: 2020.

A produção média de confecção, incluindo vestuário e meias, acessórios e cama, mesa e banho, registrou 8,9 bilhões de peças em 2017 contra 5,7 bilhões de peças em 2016. Em 2018, a produção de vestuário encerrou o período com retração de 3,7%.

A produção média têxtil foi de 1,3 milhão de toneladas em 2017 contra 1,6 milhão de toneladas em 2016. Em 2018, houve queda de 1,6% na produção.

Na exportação, tivemos uma queda de 5% em 2017 com relação ao ano anterior. Foram exportadas 190 mil toneladas de produtos. Ocorreu nova diminuição em 2018, dessa vez de 1,2%.

O Brasil ocupa a oitava posição entre os países que mais consomem vestuário, cama, mesa e banho no mundo. Esses números refletem-se diretamente nas importações, que aumentaram 22% em 2017, com 1,34 mil toneladas. Isso representa um crescimento de 21%, em termos financeiros, com arrecadação de 5,1 bilhões de dólares, contra 4,2 bilhões de dólares em 2016. Além disso, o Brasil é o quarto maior produtor e consumidor de denim do mundo e quarto maior produtor de malhas do mundo.

A cadeia têxtil brasileira permanece a mais completa do Ocidente; inclui desde a produção das fibras, como plantação de algodão, até os desfiles de moda, passando por fiações, tecelagens, beneficiadoras, confecções e forte varejo.

O segmento de fibras sintéticas e artificiais é dominado por empresas de médio e grande portes, em decorrência da necessidade de importantes economias de escala. Cerca de dez grupos empresariais, em sua maioria de capital multinacional, detêm a maior parte do mercado, embora duas empresas nacionais também tenham importante participação.

Com a descoberta do pré-sal, o Brasil deixará de ser importador para tornar-se potencial exportador para cadeia sintética têxtil mundial.

O segmento de tecelagem, por sua vez, comporta desde micro até grandes empresas. As grandes podem usufruir as seguintes vantagens: escala de produção, integração com os demais segmentos e maior capacidade financeira para realizar a atualização tecnológica.

O segmento de acabamento caracteriza-se pelo alto custo dos equipamentos, o que afasta o pequeno empresário. Compõe-se de empresas que prestam serviços ou de empresas integradas que têm o próprio setor de acabamento.

No segmento de confecções, há uma grande concentração de empresas no estado de São Paulo, seguindo-se Rio de Janeiro, Minas Gerais e Santa Catarina. As grandes empresas de vestuário localizam-se na Região Sudeste (malharias e fábricas de lingerie em São Paulo e no Rio de Janeiro), na Região Nordeste (grandes produtores de calças jeans e de malhas) e na Região Sul, principalmente no Vale do Itajaí (SC), que é o maior polo produtor de artigos de cama, mesa, banho e malharia da América do Sul.

Tendências

Algumas tendências[12] se apresentam como pontos essenciais para as empresas aderirem e se adequarem às exigências do mercado.

Para o Brasil melhorar o seu cenário no mercado internacional, é preciso que o país busque acordos de comércios internacionais com o intuito de facilitar o acesso das indústrias ao exterior.

Torna-se necessário também que as empresas do ramo fortaleçam seus investimentos em ferramentas de marketing para levar ao conhecimento do público as inovações e os produtos. O trabalho de pós-vendas será extremamente importante e fará diferença.

As empresas precisam se reinventar e migrar para o mundo 4.0, onde tudo está conectado, cada vez mais digitalizado e ágil.

Entre as tendências para a venda de produtos, está o melhor aproveitamento do e-commerce.[13] Como o comércio eletrônico tem crescido em escalas inimagináveis, é requerida a inovação em toda a

---

[12] FEBRATEX GROUP. "Cadeia têxtil: entenda as oportunidades deste segmento de acordo com a Abit". Disponível em: https://fcem.com.br/noticias/cadeia-textil-entenda-as-oportunidades-deste-segmento-de-acordo-com-a-abit/. Acesso em: 2021.

[13] BRS GESTÃO EMPRESARIAL. "O retrato da indústria têxtil no Brasil". Disponível em: https://brsgestaoempresarial.com.br/o-retrato-da-industria-textil-no-brasil/. Acesso em: 2021.

cadeia produtiva, principalmente na logística de distribuição entre o varejo e o cliente final.

A importância da sustentabilidade[14] é cada vez maior. Uma alternativa ao desperdício dos recursos naturais aponta para o reúso de descartes, assim como a reciclagem.

O comportamento de consumo da sociedade está mudando, o que acarreta uma consciência maior dos consumidores em relação à postura das marcas que consomem. Além disso, a origem de fabricação dos produtos torna-se um critério relevante na hora de optar por qual marca ou em que loja comprar.

A indústria têxtil brasileira é um setor forte, que, com alguns passos rumo ao mundo da Indústria 4.0, marketing digital e planejamento estratégico de longo prazo, será sem sombra de dúvidas a maior cadeia produtiva têxtil sustentável do mundo.

COMO A ÁREA DE MODA CHEGOU AO ESTÁGIO ATUAL

Nos últimos anos, grandes mudanças ocorreram e geraram o desenvolvimento da moda no Brasil. Alguns aspectos que interferiram de modo direto nesse processo não são peculiares ao país ou particularmente aos brasileiros. Ao contrário: integram uma conjuntura mundial que está estabelecendo uma nova visão do "mundo da moda". A moda é um dos grandes negócios do mundo moderno. Abrange mercados de diversas áreas, por exemplo:

- **editorial**: busca, por meio do consumidor, alternativas para atingir seu público-alvo;

- **metalúrgico**: produz os maquinários têxteis, de costura e afins;

- **arte**: desenhistas utilizam papéis para os croquis, lápis específicos para desenhos, tintas e muitos outros setores descritos mais adiante, especialmente no Capítulo 4.

---

[14] FEBRATEX GROUP. "Como desenvolver sustentabilidade na indústria têxtil? Descubra". Disponível em: https://fcem.com.br/noticias/como-desenvolver-sustentabilidade-na-industria-textil/#.XFrFfrjJ1PY. Acesso em: 2021.

No momento que começaram a coincidir avanços tecnológicos e culturais, a moda passou por uma espécie de revolução em todo o mundo. Os anos 1950, 1960 e 1970 servem de marco para o que se poderia identificar como o início do *boom* da moda no Brasil. Nessa mesma época, explodia com grande velocidade na Europa o prêt-à--porter – a moda "pronta para usar", isto é, roupas confeccionadas em larga escala.

Multiplicaram-se texturas, cores, estilos, e o consumidor tornou-se figura tão requisitada que as informações e tendências de fora, geradas em outros países, precisavam ser trabalhadas rapidamente. Assim, da mesma forma que a costureira de Maria Antonieta, no século XVIII, viajava em busca das últimas tendências e voltava com a mala repleta de materiais para serem copiados, os costureiros e demais envolvidos com a moda passaram a adotar no Brasil prática semelhante como meio de estar em dia com "o último grito da moda".

Copiar o modelo advindo de fora era o máximo do estilo. Então, as confecções surgiram em grande quantidade e simplesmente lançavam no mercado suas peças. Era a onda das butiques. Em todo canto havia uma butique.

Hoje, a expectativa é outra: máquinas ultramodernas são importadas, utilizam-se acabamentos inovadores, cores com corantes de fixação sólida e resistentes à fervura e linhas de costura e bordado que obedecem a normas técnicas estabelecidas, padronizando sua qualidade.

O confeccionista trabalha com projeto definido, diminuindo a margem de erro. Os fabricantes industriais adaptam-se ao mercado, sempre atentos ao consumidor e antevendo seu produto final. A concorrência os obrigou a eliminar processos viciados, entre os quais estabelecer preços que melhor lhes conviessem, usar cores e desenhos de estampas estocados e tecer com sobra de fios.

A moda no mundo

As indústrias têxtil e de confecções estão entre as atividades industriais mais antigas da humanidade, utilizam métodos e processos bastante conhecidos e tecnologia de domínio universal. São, normalmente, as primeiras atividades fabris instaladas em um país e têm sido grandes absorvedoras de mão de obra.

O complexo têxtil engloba vários segmentos:

> produção de fibras
>
> fiação
>
> tecelagem
>
> malharia
>
> acabamento
>
> confecção

Podem também ser incluídos na cadeia têxtil segmentos dos setores agroindustrial, químico e de bens de capital, responsáveis pelo fornecimento de matérias-primas e equipamentos.

Cada um desses segmentos tem seu padrão de comportamento econômico, com especificidades relativas a matéria-prima, tecnologia, mercados, entre outros. Podem também ser fases sequenciais dentro de uma mesma empresa têxtil que, dependendo do grau de integração, dedica-se a uma, a algumas ou a todas as etapas de produção. As empresas integradas, normalmente, produzem dos fios (fiação) até o acabamento final do tecido, e algumas chegam à confecção.

CAPÍTULO

História da moda

História da moda

LINHA DO TEMPO DA MODA

Um pouco de história

Historiadores de moda precisam ter um conhecimento plural para falar da evolução dos trajes. Com o avançar dos séculos, as mudanças na moda passaram a ser cada vez mais rápidas e em maior quantidade. Formas mudaram, linhas variaram, comprimentos subiram e desceram, tecidos elaborados e simples surgiram, enfim, variações foram sendo registradas, especialmente nos últimos cem anos.

O fato é que, independentemente de qualquer época ou lugar, a roupa sempre foi um diferenciador social, uma espécie de retrato de uma comunidade ou classe. Mais ainda: a roupa pode revelar o perfil de uma pessoa. Seja lá o que se use, pode-se estar vestido para influenciar, impressionar ou seduzir alguém. Mais do que tudo, portanto, a maneira de vestir expressa a personalidade do usuário.

A história da moda está inserida no próprio desenvolvimento da humanidade e, em consequência, na evolução e mudança de costumes. Pelos estudos feitos na área do vestuário, a indústria têxtil pode ter tido início durante a Pré-História, mais precisamente no período neolítico (10.000 a 5.000 a.C.).

As peles dos animais colocadas sobre os ombros do homem primitivo impediam os movimentos. Foi preciso, então, criar adaptações para liberá-los. Assim, surgiram a cava e o decote. Muito tempo depois, um pequeno retângulo de pano em volta da cintura fez nascer o sarongue, uma forma primitiva de saia. E foi com base nas necessidades físicas humanas que as diferentes formas do vestuário evoluíram.[1]

Na sociedade urbana do Egito Antigo, a indumentária era feita basicamente de artigos de linho. Retangulares, as peças de tecido eram enroladas no corpo. Para fixá-las, recorria-se a espinhos, que podem ter sido a origem dos alfinetes.

Chanti: saiote de tecido fino preguedo, característico do vestuário egípcio entre 1550 e 1330 a.C.

Na passagem do Médio para o Novo Império, o chanti, peça de tecido enrolada no quadril dos homens, era longo, cobria toda a região lombar e caía drapeado. O modelo, que exigia grande quantidade de tecido em sua confecção, refletia um tempo de estabilidade econômica em que a sociedade tinha condições de arcar com os elevados custos das vestimentas. Antes desse período, usava-se o chanti curto, sem nenhum drapeado.

Os alfinetes podem ter-se originado de espinhos, com os quais a sociedade urbana do Egito Antigo fixava peças de tecido que eram enroladas no corpo.

No Novo Império, a religião era um dos fatores que determinavam alguns dos caminhos do vestuário. Sacerdotes e sacerdotisas, por exemplo, traziam em suas roupas representações de animais, considerados figuras divinas. Enquanto os egípcios faziam do linho a matéria-prima para o seu vestuário, os sumérios e acadianos, da Mesopotâmia, preferiam a lã.

Os assírios tinham como vestuário básico as mesmas roupas utilizadas na Babilônia, só que mais enfeitadas. Uma peça que surgiu como novidade e que foi utilizada tanto por assírios quanto pelos babilônios foi o efoh, um avental duplo, de lã, que trazia franjas bem largas nas costas e na frente. A matéria-prima do avental já era comum aos sumérios e acadianos, que desenvolveram sua

---

[1] LAVER, James. *Costume and fashion: a concise history.* Londres: Thames & Hudson, 2020.

As engrenagens da moda
CAPÍTULO 2

indústria têxtil a ponto de ter estamparias feitas com ouro em pó colado ao tecido com goma de acácia.

> *As três peças principais da indumentária grega no período primitivo – o quitão, o pelpo e a clâmide – inspiraram diferentes estilos de vestuário.*

Do povo persa veio a ideia das roupas repartidas, como calças e jaquetas. Na civilização de Creta, supõe-se que as mulheres usavam saias de várias camadas sob aventais. Na parte superior, trajavam uma jaqueta que deixava o busto de fora.

Já a roupa masculina era mais simples: um saiote com avental fixado à cintura por um cinto metálico. A indumentária grega compunha-se de retângulos de linho ou lã.

Ao observar a indumentária grega do período primitivo (6.000 a.C.), nota-se que ela era formada por três peças principais: o quitão, o pelpo e a clâmide. Várias modificações e adaptações foram feitas nessas peças, com diferentes amarrações e franzidos, dando origem a diferentes estilos. O material utilizado era lã ou linho.

Efoh: avental duplo com franjas na frente e nas costas, que fazia parte do traje sacerdotal assírio-babilônio.

No início desse período, o quitão, longa túnica pregueada, vinha por baixo de uma capa trazida como influência asiática. Após algumas mudanças, o quitão passou a ser a peça principal. Preso sobre os dois braços, fazia um efeito drapeado que se tornou característica de um tempo.

Sem cava nem modelagem, diferenciava-se de acordo com a classe social de quem o vestia. A forma popular era mais curta e a cerimonial, mais longa. A exemplo dos templos gregos, as roupas eram fartamente coloridas. O único lugar em que se obrigava usar branco era o teatro, que, por ser considerado sagrado, exigia um tom de pureza.

Entre os militares gregos se distinguiam miniquitões de couro que, posteriormente, ganharam elementos de metal. Na versão feminina, o quitão era sempre longo, ostentado com dois cintos e com uma peça de sobreposição. A roupa íntima era um fraldão e uma faixa de tecido, como sutiã. O quitão, de modo geral, recebia decorações nas barras — tiras de formas geométricas eram bordadas ou costuradas no tecido.

O pelpo, uma sobreveste de lã, era trajado apenas pelas mulheres. Na maioria das vezes, essa peça era elaborada com tecidos decorados com muita riqueza. De formato tubular, era vestido pela cabeça e atado aos ombros por fechos, deixando os braços nus. Inicialmente, não era ajustado na cintura, adaptação que foi realizada pelo povo jônico.

Deusa das Serpentes cretense com saia em camadas e jaqueta que deixa o busto à mostra.

A clâmide, por sua vez, era uma capa semicircular que tinha uma abertura lateral, feita propositalmente para garantir o fácil manejo das espadas. Também favorecia a exposição do corpo masculino, em uma época na qual o processo de educação entre os aristocratas valorizava tudo que dizia respeito ao aprimoramento e à revelação do lado físico e espiritual do homem. Em comparação a uma peça moderna, vê-se grande semelhança com a pelerine — capa elegante usada pelas mulheres em meados do século XIX.[2]

> *O pelpo era uma vestimenta feminina grega, confeccionado em formato tubular e normalmente com enfeites luxuosos. Deixava os braços nus, prendendo-se aos ombros por fechos.*

Como consequência da contribuição etrusca, os romanos introduziram vários gêneros de túnicas. O subáculo, por exemplo, era mais próximo ao corpo e, além de mais curto, não tinha mangas. A exteriodium mostrava-se mais larga, com a opção de ser longa ou não.

---

[2] O'HARA, Georgina. *The Thames and Hudson dictionary of fashion and fashion designers.* 2. ed. Londres: Thames & Hudson, 2008.

A dalmática era mais curta, com renda nas mangas e na barra. Os romanos de boa família vestiam togas que eram denominadas puerilis até a idade adulta; depois dessa fase, eram chamadas virilis. Essas togas eram grandes retângulos de lã, cortados na forma de uma elipse dobrada ao meio e enrolada no corpo. A maneira de enrolar variava em função da classe social e da ocasião em que a peça estava sendo usada. As togas senatoriais eram totalmente brancas, com exceção da faixa púrpura, de lã, com mais ou menos três dedos de altura. Difícil de ser obtida por causa da cor, essa faixa restringia-se à elite. A civilização romana é considerada a mais rica da Antiguidade e, naturalmente, suas vestimentas são elementos que ajudam a reforçar essa condição.

Três peças do vestuário grego: o quitão (esq.), o pelpo e a clâmide.

Da Idade Média (do século V ao século X d.C.) em diante, nota-se um contraste muito grande entre a indumentária do Império do Oriente e o do Ocidente. Isso se dá pelo fato de o Ocidente ter recebido influência dos bárbaros. A sua vestimenta foi baseada nas indumentárias romana e germânica, com sobreposição de túnicas e mantas, ajustadas na altura da cintura com cintos de couro, que apresentavam bolsas também de couro ou de pele, substituindo a função do bolso.

Variedade do drapeamento da toga romana no século I a.C.

Muitos elementos ligados à indumentária militar, como braçadeiras, couraças e peitorais faziam parte dessa roupa. A Europa bárbara ficou dividida até o século VII, quando se instalou o Império de Carlos Magno, surgido da ramificação dos reinos bárbaro-germânicos. Nesse ponto, os chefes bárbaros tornam-se chefes de Estado legitimados pela Igreja, formando, assim, os reinos europeus.

Esse período foi de grande prosperidade do ponto de vista econômico, e logo veio a melhoria de vestuário, do século VIII ao XII, durante o período românico. Nesse período, a roupa dos bárbaros se institucionaliza. Com a aproximação do século XII, o vestuário começa a se sofisticar. Surgem as barras de seda nas túnicas — que havia muito tempo já eram utilizadas no Oriente — com bordados de fios de ouro, de prata e de seda.

> **As diferenças entre as vestimentas masculinas e femininas começam a se tornar mais evidentes no fim da Idade Média. Com o surgimento do estilo gótico, a silhueta é ajustada e verticalizada, valorizando o corpo.**

No cotidiano europeu dessa época, houve espaço para uma reflexão sobre a existência do homem, que acabou por gerar um novo movimento de valorização da figura humana em consequência do ajustamento das roupas.

Sobreveste feminina de estilo gótico que predominou na Idade Média.

As engrenagens da moda
CAPÍTULO 2

Outras características do vestuário do século XII são as roupas com padrões bicolores, por meio dos quais se podia identificar o feudo do qual a pessoa fazia parte. Cada feudo era representado por símbolos e cores (listrados) que se encontravam nas roupas dos nobres.

No fim da Idade Média, do século XII ao XIV, surge o estilo gótico, que impõe um novo contexto de criação e marca a virada da Era Medieval para a Moderna. Na Idade Média, as roupas diferenciavam-se mais pelas cores e pelos materiais do que pelas formas. A silhueta gótica é ajustada e verticalizada, pois visa valorizar o corpo. Assim, inicia-se uma diferenciação mais marcante entre a indumentária feminina e a masculina.

A moda nasce com o Renascimento, nos séculos XV e XVI. Existiu um vínculo entre o desenho de moda e as artes plásticas da época, uma vez que os nobres encomendavam aos pintores desenhos de roupas para festas. Nessa fase, com o surgimento da primeira burguesia, houve uma grande melhoria na qualidade da matéria-prima. Aplicações, bordados e peles passam a espelhar uma sociedade rica, em contraste com os povos medievais, muito ligados ao modo bárbaro. A cintura sobe e fica marcada logo abaixo do busto, alongando a silhueta. As formas, em geral, vão ficando arredondadas, perdem a verticalidade gótica, expandindo-se lateralmente e buscando horizontalidade.

Nos séculos XV e XVI, inicia-se também a Idade Moderna, modificando o entendimento que o homem tinha dele e do mundo. Surge a racionalização. Há uma transformação do ponto de vista político e da compreensão da economia e das suas bases produtivas. Por volta de 1630, a Inglaterra vive uma série de contratempos políticos, que culminam na Revolução Gloriosa e no estabelecimento da monarquia parlamentarista. Forma-se a base da Revolução Industrial, a que estabelece o conceito de que os bens de produção (as terras) têm de ser produtivos, e não, simplesmente, um presente de Deus a ser resguardado.

> *A Revolução Industrial alterou notavelmente todo o setor socioeconômico mundial.*
>
> *O novo dinamismo revelou-se uma série de "revoluções tecnológicas" – períodos em que os métodos básicos de se fazer as coisas sofreram mudanças súbitas e surpreendentes e novos tipos de bens e serviços entraram na vida diária, alterando-a de modo radical.*

O movimento barroco surge como uma tentativa de, por meio da arte, combater a Revolução Protestante. Esse estilo origina-se da criação de uma estética encomendada pela Contrarreforma. Com a revolução científica do século XVI, os habitantes da Terra começam a ter uma noção mais realista do mundo e de suas propriedades, questão antes ligada a Deus, uma vez que Ele e a Igreja sabiam e tinham controle de tudo. O modelo da fé dá lugar ao da reflexão.[3]

Simultaneamente, no Brasil, durante a época da colonização, a indumentária refletia a maneira de vestir própria de Portugal. Somente os ricos ostentavam trajes requintados. O índio catequizado usava camisolões de algodão.[4]

Trajes masculinos da época do Renascimento, que tornavam a silhueta mais volumosa.

---

[3] DWYER, Daniela. *A roupa como embalagem*. Monografia. Faculdade de Marketing. Rio de Janeiro: Faculdade da Cidade, 1998. pp. 24-25.

[4] SANTOS, Djalma Cunha dos. Apostila do Serviço Nacional de Aprendizagem Comercial. Rio de Janeiro: Senac (s/a) p. 13.

No século XVII, a cultura fica mais controlada pelo Estado, sendo impossível produzir algo fora das normas oficiais. Nos países católicos, a elite resumia-se aos membros da nobreza e da Igreja. Nos países protestantes, entretanto, era formada pela burguesia. É desse século em diante que a França começa a se colocar como grande produtora de moda. Surgem as primeiras publicações especializadas no assunto. Nesse período, 20% da produção francesa era de materiais para o vestuário. A elite vestia roupas muito elaboradas e cheias de camadas, enquanto as classes mais populares copiavam, de forma grosseira, as roupas dos nobres.

No reinado de Luís XIV, a França chega ao seu apogeu. Mas o que se vê, logo em seguida, é a decadência da nobreza francesa em razão da política centralizadora do rei. As mudanças e inovações dessa época eram totalmente determinadas pela casa real. Há uma valorização das formas femininas que ressalta os quadris e acentua a cintura.

Cores e enfeites predominaram no vestuário da Corte de Luís XIV, na França. Na vestimenta da mulher, destaque para os quadris e a cintura; na roupa do homem, formas mais femininas.

As formas masculinas tornam-se mais femininas. No modelo francês de vestuário, a cor e os efeitos decorativos eram predominantes. Cada fase do desenvolvimento da pessoa era mostrada pelo tipo de roupa que usava: as crianças eram vestidas de um jeito; os adultos, de outro; e os idosos, de outro. Essas diferenças eram sempre muito distintas, justamente para marcar as etapas da vida. O mesmo ocorria em relação às profissões, identificadas por "uniformes", que eram trajados no dia a dia de acordo com a ocupação.

Veio o século XVIII, e a Europa começa a ser marcada por fortes mudanças sociopolíticas. Em relação à indústria do vestuário, por exemplo, a França comandou as soluções de criação, enquanto a Inglaterra comandou a área técnica, como a alfaiataria, que requer um estudo minucioso das formas do corpo.

Nobre da Corte de Luís XIV luxuosamente vestido no estilo que reforçava as formas femininas.

O período rococó tratou a realidade de forma fantasiosa. Foi uma cultura lúdica. Houve mudanças drásticas no vestuário feminino nessa época, enquanto no masculino foram alterados apenas detalhes. Esse período foi marcado por três estilos: regência, Luís XV e Luís XVI.

Com o estilo da regência, a roupa torna-se mais confortável e leve, se comparada à de períodos anteriores. O estilo Luís XV muda principalmente os penteados. O de Luís XVI, por sua vez, corresponde ao momento de transição do rococó para o neoclássico. A roupa é simplificada, perdendo em volume e decoração, fato influenciado pela Revolução Francesa. As cores passam a ser as da bandeira.

No século XIX, há a transição do mundo antigo para a modernidade. O neoclássico resumiu-se ao estilo diretório — uma continuação dos estilos revolucionário e consulado, inspirado no modelo da República Romana e do Império Napoleônico. O neoclássico dá lugar ao romântico, que busca respostas tanto no passado quanto no futuro.

Vestimentas do século XVII na França (da esquerda para a direita): mulher de classe média, mulher da classe trabalhadora e representantes da aristocracia francesa.

As engrenagens da moda
CAPÍTULO 2

No neorrococó, as formas do rococó retornam adaptadas, principalmente para o guarda-roupa feminino. Esse período, de aproximadamente 25 anos, é marcado pela utilização da crinolina, a enorme armação de arame das saias. A silhueta de uma mulher da nobreza adota uma forma quase de meia-esfera. Mais uma vez, a maneira de se vestir identifica a condição social, a começar pela grande quantidade de matéria-prima utilizada para a confecção desse tipo de roupa.

Por volta de 1850, a hegemonia do terno com gravata e uma sobriedade de cores passam a caracterizar a indumentária masculina. A fantasia e a decoração passam a ser reservadas às roupas das mulheres, que não trabalham. Nesse momento, nota-se a influência do trabalho no vestuário. O homem precisava de roupas confortáveis, haja vista ser ele quem trabalhava. A mulher, por sua vez, exibia o poder econômico do homem: ela "vestia" o que o dinheiro do marido podia comprar.[5]

No século XVIII, com a descoberta do ouro no Brasil, houve um desenvolvimento do comércio e, consequentemente, um incremento das profissões ligadas à moda. O vestuário era uma cópia da moda do reino de Portugal, portanto uma cópia da moda da Europa.

No século seguinte, apareceram publicações com figurinos, sempre influenciados pelas modas estrangeiras. A mulher escrava vestia-se com torso, panos da costa, saias rodadas, blusas decotadas e enfeitadas com babados de renda. Notava-se uma visível influência africana na vestimenta, que se popularizou na Bahia e é considerada a única criação de moda exclusivamente brasileira.[6]

O período compreendido entre o início do século XX e o princípio da Primeira Guerra Mundial é marcado por grande ostentação e extravagância. A moda, como sempre, refletia a época. A silhueta feminina era evidenciada pelos espartilhos, que destacavam o busto para dar um ar de mulher madura, fria e dominadora. Os babados, rendas e camadas eram reservados para o campo ou para viajar. A roupa tinha de ser adaptada ao ritmo acelerado das cidades. Jovens das classes médias, em um número considerável, já

---

[5] DWYER, Daniela. Op. cit. p. 27.

[6] SANTOS, Djalma Cunha dos. Op. cit.

ganhavam a vida como governantas, datilógrafas e balconistas. Assim, as roupas começavam a apresentar costumes de corte masculino.

Casal vestido ao estilo neorrococó: destaque para o volume da saia sobre a crinolina, grande armação de arame.

A silhueta "S", moldada pelos espartilhos, começou a sofrer uma leve modificação. A postura não era mais tão empinada para a frente e as roupas, agora, buscavam aparentar um estreitamento do quadril. A partir de 1910, novamente surgiram mudanças drásticas na indumentária feminina. A moda mostrou uma onda de orientalismo. As cores tornaram-se fortes, às vezes até espalhafatosas, e as saias ficaram estreitas na barra. As golas, que eram levantadas até o pescoço, deram lugar ao decote V, deixando alguns indignados: tal corte foi denunciado no púlpito das igrejas como exibição indecente e considerada, pelos médicos, um perigo à saúde.

O início da Primeira Guerra abafou a moda. As mulheres sentiam, muito acertadamente, que roupas extravagantes não ficavam bem em época de conflito. Elas começavam a mostrar que não estavam alienadas sobre os acontecimentos mundiais, afinal muitas mulheres, tanto das classes populares quanto da classe média, foram recrutadas para a guerra. Nesse período, houve escassez de matéria-prima e não se promoviam eventos sociais em que se pudessem usar roupas sofisticadas.

A moda no final da década de 1920 fez as moças se deliciarem com o visual andrógino: o que elas queriam era ficar bem parecidas com os rapazes.

 As engrenagens da moda
CAPÍTULO 2

No final da década de 1920, a função da moda era mudar conceitos estabelecidos antes da guerra. Assim, um novo estilo era criado. Um novo tipo de mulher passava a existir. O ideal erótico era andrógino: as moças procuravam parecer-se ao máximo com os rapazes. Todas as curvas do corpo feminino foram abandonadas. Os cabelos cacheados deram lugar a um corte curto e liso. As moças que se deliciaram com essa moda, porém, tiveram de se acostumar mais uma vez, no final da década, com as saias compridas e a cintura levemente ajustada. Elas deixaram o cabelo crescer e voltaram a adotar mangas compridas. As linhas gerais da saia permaneceram mais ou menos perpendiculares. Ombros largos e quadris estreitos pareciam ser o ideal de toda mulher.

Estilo andrógino nos vestidos de verão, 1926.

Por motivos econômicos, os vestidos de noite eram feitos de tecidos que anteriormente só eram utilizados na confecção de vestidos diurnos, como lã, casimira e algodão. Ao demonstrar como a moda evolui com a história, a Segunda Guerra Mundial provocou uma erupção: os vestidos de noite sofreram influência da onda de romantismo que pairava no ar, estimulada pela visita da família real da Inglaterra à França. Até a crinolina ameaçou voltar. A roupa para o dia ganhou modificações opostas: a saia ficou mais curta e franzida, no estilo camponês. As roupas masculinas caminharam no sentido da informalidade, como já se via desde o final da Primeira Guerra. Os ternos começaram a ser usados habitualmente e tornaram-se mais curtos e sem abertura atrás.

ESTADOS UNIDOS × EUROPA

A era do individualismo começa durante a guerra. Os Estados Unidos não sofreram tantas restrições e puderam desenvolver sua moda sem muitas preocupações com a economia, mas mantendo um certo estilo do pré-guerra. As saias abriam-se de cinturas finas e blusas justas, combinadas com meias de náilon, sapatos de salto alto de couro brilhante, chapéus e, com frequência, luvas.

> **Depois de um tempo de crise, a moda costuma apresentar uma tendência para o luxo e a nostalgia de uma época "segura".**
>
> As saias recuperaram sua amplitude, já que as mulheres europeias queriam deixar de lado o corte masculino para retomar a valorização de suas curvas. As roupas do pós-guerra apertavam a cintura e realçavam o busto. Esse estilo foi nomeado New Look. Os homens, por sua vez, após terem largado a farda, começaram a usar paletós e calças esportes para trabalhar em vários setores do mercado.

Na Europa, entretanto, o estilo era adquirido com muito esforço. O que agregava valor à roupa não eram os excessos, mas detalhes de bolso, debrum e barras. A forma era a de ombros quadrados, reta, de corte masculino, fazendo menção às vestes militares. Pela primeira vez, a indústria da moda ficou sem o seu parâmetro de tendências. Com a guerra, Paris praticamente interrompeu o desenvolvimento de sua moda.

Os Estados Unidos, com menos restrições, começaram a desenvolver uma linguagem de moda própria. E, ao final da guerra, as bases de uma alta-costura independente e de uma indústria voltada para a massa ficaram claras, revelando um gosto diferente do europeu. Apesar de a moda americana ter-se desenvolvido nessa época, ela não era reconhecida pelo tradicional mercado europeu como lançadora de tendências.

Passados dez anos de intensa atividade, o mercado voltou-se para a moda dos jovens, muitas vezes inspirada em tribos ou grupos. Na década de 1950, os quadris foram transformados no foco erótico, com o corte inteligente sobre eles. Com o grande desenvolvimento do prêt-à-porter e o vertiginoso crescimento da indústria de massa nos Estados Unidos, a alta-costura começou a perder terreno.[7]

A indústria têxtil brasileira experimentou um grande avanço a partir da década de 1960, quando surgiram costureiros famosos, entre os quais Gil Brandão, Alceu Penna e Dener, o expoente máximo da moda brasileira nessa época. Começamos a exportar a moda nacional com o design de Dener, que ficou conhecido por vestir mulheres da sociedade brasileira, entre elas a Sra. Maria Teresa Goulart, esposa do presidente João Goulart. Entretanto, nenhum dos estilistas desse período conseguiu impor um estilo tipicamente brasileiro na moda internacional, que continuou sofrendo a influência direta da alta-costura francesa e da dinâmica moda americana.[8]

De uma incerteza geral do futuro e um desejo de se rebelar, surgiu essa moda mutante, que quer sempre vestir o que há de mais novo. Junto à moda, as artes plásticas, a literatura e a música foram influenciadas pelo clima de incertezas. Na década de 1960, as roupas é que passam a ser criadas para o corpo, não havendo mais a necessidade de o corpo se adaptar às roupas. As peças, agora justas e geométricas, sensuais no modo como desnudam (ou quase) o corpo: os decotes aprofundam-se e as blusas tornam-se transparentes. Nesse momento também surge a minissaia e a moda hippie; nas praias cariocas, os "brotinhos" desfilam os primeiros biquínis bem--comportados. Caem as combinações e anáguas. As calcinhas tomam formas adaptadas para serem usadas com o estilo saint-tropez (cintura abaixo do umbigo).[9] No final da década, começa a aparecer uma linguagem oriental e surgem tendências um tanto futuristas, inspiradas pela "corrida espacial". Essa época foi marcada por um olhar para o futuro e tudo que essa visão representaria no desenvolvimento da humanidade dali para a frente, incluindo a moda.

[7] DWYER, Daniela. Op. cit. pp. 30-31.

[8] SANTOS, Djalma Cunha dos. Op. cit.

[9] DWYER, Daniela. Op. cit. p. 31.

> *A corrida espacial foi marcada por uma disputa pela supremacia da exploração espacial entre os Estados Unidos e a União Soviética. O desenvolvimento da tecnologia espacial visava obter vantagens estratégicas e bélicas sobre seus adversários.*[10]

Na década de 1970, as nádegas são o foco da atenção, com calças jeans e malhas colantes. A preocupação com a boa forma faz com que o corpo esguio, as caminhadas e corridas também se tornem moda. Outros movimentos sociais que marcaram a moda foram a volta à natureza, o movimento feminista[11] e o romantismo. Depois da turbulência dos anos 1960, é como se as rendas e estampas florais silenciassem um pouco as angústias de toda uma geração.

Os anos 1970 ficaram com o mérito de ter dado a arrancada final a um processo em que a moda se conjugou com a maneira de viver dos jovens. Os homens perderam o medo de ousar e começaram a perceber que talvez seus filhos não estivessem tão errados por preferirem uma roupa mais despojada, mais colorida, mais adaptada ao movimento, às necessidades dinâmicas da atualidade. O prêt-à--porter soava como um recurso inacessível para muitos brasileiros. Quase dava para contar nos dedos o número de confecções do país. Se, nessa época, alguém dissesse que chegaria o dia em que teríamos aproximadamente milhares de confecções a nosso dispor, acharíamos que sua bola de cristal estava exagerando.

E motivos não nos faltavam para duvidar desse tipo de previsão: dificilmente quem morava fora do eixo Rio-São Paulo encontrava na sua cidade as roupas fotografadas pelas revistas. Os costureiros e as revistas de moldes continuavam os grandes aliados na hora de renovar o guarda-roupa. Confecções com fôlego para fabricar milhares de peças a cada estação, inspiradas nas passarelas europeias e com distribuição nacional, só começaram a conhecer seus dias de glória a partir da metade dos anos 1970.

---

[10] ACERVO. "Corrida espacial". Disponível em: https://acervo.estadao.com.br/noticias/topicos,corrida-espacial,469,0.htm. Acesso em: 2021.

[11] DWYER, Daniela. Op. cit. pp. 31-32.

As roupas de trabalho com cortes masculinos para as mulheres marcaram toda a década de 1970.

Com a luta das mulheres para se igualarem aos homens, as roupas de trabalho femininas com cortes masculinos marcaram toda a década de 1970 e o início da década seguinte. Já nos anos 1980, os estilistas americanos, principalmente, simplificaram ao máximo as linhas das roupas para que ficassem cada vez mais confortáveis. Esse estilo foi denominado "novo romantismo" e colocou blusas e outras peças brancas em voga. Nesse ponto da evolução do mundo e da moda, a individualidade não significava, como na década de 1960, adotar um look completo individual em si, mas chegar a um estilo pessoal de vestir. Assim, as mulheres ficaram mais atentas ao corte e aos tecidos, tornando-se bem-preparadas para criar o próprio *look*.[12]

A década de 1980 marca o surgimento das escolas de moda no Brasil — a técnica alia-se à criatividade de nossos estilistas. Com o surgimento das escolas, busca-se o conhecimento científico sobre a moda. A partir da metade dos anos 1980, há maior preocupação com a qualidade dos tecidos, do corte e do acabamento. As revistas com editoriais de moda brasileiros começam a aparecer, orientando os leitores a ter bom senso na hora de se vestir. Já em 1990, percebe-se que a moda globalizada é a grande saída para as coleções mundiais. Tanto no Brasil como na França, pode-se usar a mesma roupa e os mesmos acessórios de forma descontraída.

Os desenvolvimentos tecnológicos caracterizaram os anos 1990. Destaque para os efeitos dos tecidos adquiridos com base em pesquisas em laboratórios, como fibras e acabamentos.

Os anos 1990 ficaram marcados como a década do desenvolvimento tecnológico. Não são mais as formas das roupas que fazem a diferença. Agora, o que se destaca são os efeitos dos tecidos adquiridos com base em pesquisas em laboratórios, como fibras e acabamentos. As fibras naturais, antes retiradas diretamente da natureza para as fiadoras, são, por exemplo, aprimoradas para absorver mais a umidade do corpo. Os fios perderam a característica de ter a única

---

[12] DWYER, Daniela. Op. cit. p. 16.

função de fazerem parte de um tecido.[13] Quem, em sã consciência, seria capaz de imaginar que uma roupa quente como lã e leve como a seda faria parte do nosso dia a dia? E que as lingeries poderiam ter aspecto e textura de seda sem precisar do fio do bicho-da-seda? Com certeza, ninguém. Afinal, aos olhos da época, microfibra parecia coisa de ficção científica. Atualmente, as fibras "pensam", e os tecidos feitos delas estão sendo chamados de "inteligentes".

A fim de estimular a parte visual, os acabamentos ganharam *looks* antes quase inimagináveis. Alguns, após o acabamento, chegam a parecer líquidos. Assim, à medida que a ciência das fibras e acabamentos evolui nos laboratórios, as roupas recebem tratamentos cada vez mais inusitados.[14]

A CARA DO FUTURO

A moda tecnológica começa a aparecer no final da década de 1990, acompanhando as necessidades da sociedade moderna de ser cada vez mais prática, versátil, conceitual, veloz e criativa. E os designers, os estilistas e a tecnologia têxtil passam a investir nesse mercado com todas as suas forças.

Nas últimas décadas, demos mais alguns passos, com estilistas, design, tecidos e a moda brasileira sendo reconhecidos internacionalmente. Embora ainda haja muito a conquistar, essa é uma grande vitória. A exportação das modelos ganhou espaço com mulheres fantásticas, cobiçadas pelos experts em moda e pagas a peso de dólar pelas grandes maisons da alta-costura do mundo ocidental e oriental.

No que se refere à moda, quando pensamos no passado, nos lembramos das fibras naturais, tecidas à mão, e das eternas silhuetas. O presente da moda é apreciado, preenchido com a arte da máquina e o avanço da tecnologia em fios, tecidos e acabamentos. O seu futuro carrega a chave da inovação, das conveniências modernas, da criatividade inesperada e da preocupação com a sustentabilidade no âmbito ecológico e do comércio justo.

[13] DWYER, Daniela. Op. cit. p. 16.

[14] DWYER, Daniela. Op. cit. p. 33.

No Brasil e no mundo, cada vez mais globalizado, percebe-se uma moda mais emancipada dos conceitos ditados por vanguardas externas. Devemos respeitar as diferenças, a questão racial, social, política e econômica para que a ditadura da moda não seja um fator de exclusão.

CAPÍTULO

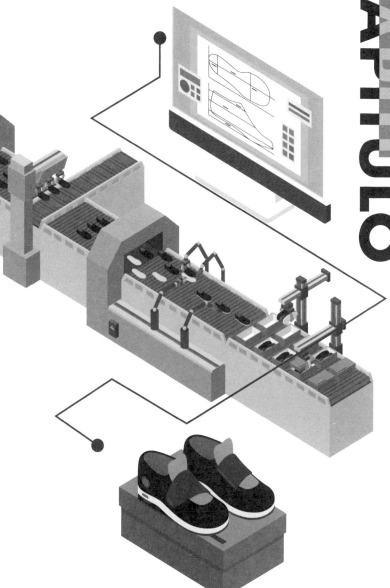

Indústria e tecnologia

OS NOVOS TEMPOS

Diante de um mercado cada vez mais competitivo, os desafios da indústria têxtil brasileira são ajustar a produção e planejar o processo em todas as suas etapas. Cada vez mais integradas à tecnologia de informação, a indústria têxtil e de moda deverão se adaptar o quanto antes à Indústria 4.0.[1] As empresas brasileiras terão de investir em gestão alinhada às novas tecnologias para ganhar produtividade, melhorar a qualidade dos produtos e oferecer respostas mais rápidas aos pedidos dos clientes.

PARA SABER MAIS

Bruno, Flavio da Silveira. A Quarta Revolução Industrial do setor têxtil e de confecção: a visão de futuro para 2030. 1. ed. São Paulo: Estação das Letras e Cores, 2016.

Nas confecções, o computador está sendo utilizado como aliado e veio somar. O primeiro passo é automatizar as áreas administra-

---

[1] PORTAL DA INDÚSTRIA. "Indústria 4.0: entenda seus conceitos e fundamentos". Disponível em: https://www.portaldaindustria.com.br/industria-de-a-z/industria-4-0/. Acesso em: 2021.

tivas e gerenciais para, assim, continuar a utilizar a cultura de informática e criar as possibilidades de organizá-la para obter informações precisas e rápidas.

Ao utilizar sistemas específicos para as áreas administrativas, a empresa pode controlar pedidos, vendas, contabilidade, folha de pagamento, produção, faturamento, e contas a receber e a pagar. Nas áreas de produção, o sistema pode realizar o planejamento e o acompanhamento, calcular a quantidade de matéria-prima, emitir ordens de compra, entre outras coisas. É possível, também, acompanhar todo o processo de fabricação de uma roupa.

> **A modelagem e o encaixe são as etapas mais complicadas em uma confecção.**
>
> Quando tais etapas são feitas por computador, isso ocasiona economia de matéria-prima e tempo. Um trabalho que empregue esse tipo de equipamento consegue reduzir o tempo de fabricação anterior em 10%.[2]

O computador é usado ainda no acompanhamento do trabalho dos operadores: aloca-se o tempo da máquina na fabricação do lote solicitado e emite-se tíquete de produção para acompanhamento da ordem de execução. Desse modo, é viável conhecer a localização de cada ordem de serviço na produção, o cálculo de custo e a relação entre o tempo previsto e o efetivamente gasto.

Em busca do desenvolvimento

As inovações no processo produtivo na indústria têxtil estão relacionadas ao progresso tecnológico incorporado aos equipamentos, ao desenvolvimento de novas fibras e ao aprimoramento das já conhecidas. Os diferentes graus de utilização dessas inovações afetam diretamente os custos finais dos produtos e, em consequência, a competitividade industrial.

De acordo com o que foi visto, à exceção de alguns segmentos (por exemplo, malharias, tecidos para cama, mesa e banho e jeans) e de

---

[2] Indústria 4.0 é considerada a Quarta Revolução Industrial e prevê digitalização e robotização dos processos produtivos, ativando fábricas inteligentes, ou seja, criando cooperação mútua entre máquinas avançadas tecnologicamente e seres humanos.

algumas empresas/grupos, que nos últimos anos se preocuparam em atualizar seus parques industriais, o complexo têxtil/de confecções brasileiro ainda precisa se modernizar para ser competitivo em âmbito internacional ou para fazer face à concorrência dos produtos importados. O investimento em equipamentos atualizados é a questão-chave para tal modernização.

Segundo a Abit,[3] os investimentos no setor foram da ordem de U\$ 894,4 milhões, contra U\$ 985 milhões em 2017. A Abit (2018) informa que a importação de máquinas e equipamentos aumentou na ordem de 60,59% em 2017, em comparação ao anterior. Veja quadro a seguir.

INVESTIMENTO EM MÁQUINA E EQUIPAMENTOS NO SETOR TÊXTIL E DE CONFECÇÃO BRASILEIRO			
2015	*2016*	*2017*	*2018*
R\$ 2,24 bilhões US\$ 671 milhões	R\$ 1,67 bilhões US\$ 479 milhões	US\$ 894,4 milhões	US\$ 985 milhões
Dados Abit 2019			

Em processo de evolução tecnológica, apesar de sofrer crises em diferentes épocas, o setor têxtil brasileiro está empenhado em aderir à complexidade tecnológica. Empresários e associações entendem e sabem que a tecnologia continua sendo um fator estratégico diferencial. Para que haja avanço considerável em todos os segmentos da cadeia têxtil, é preciso envolver políticas econômicas e sociais. As mudanças para alavancar o desenvolvimento tecnológico dos parques fabris do país deverão fortalecer a indústria do setor, traçando um novo padrão de competitividade.[4]

Geralmente, feiras nacionais e internacionais anunciam as recentes inovações do setor. Essas feiras são o melhor cenário para

[3] ABIT TÊXTIL E CONFECÇÃO. "Dados do setor: parceria Abit e IEMI", referentes a 2018 (atualizados em dezembro de 2019). Disponível em: https://www.abit.org.br/dadosdosetor/. Acesso em: 21 ago. 2020.

[4] TEXBRASIL. "Comitiva com 39 empresas têxteis e de maquinários participa da Colombiatex 2019". Disponível em: http://texbrasil.com.br/pt/comitiva-com-39-empresas-brasileiras-texteis-e-de-maquinarios-participa-da-colombiatex-2019./. Acesso em: 14 jan. 2019.

mostrar os avanços tecnológicos, pois possibilitam às empresas de máquinas e equipamentos divulgar o que existe de mais inovador na manufatura. Cada empresa exibe no respectivo estande o desenvolvimento tecnológico em máquinas para processos produtivos mais eficientes e equipamentos com economia de energia.[5]

De acordo com o relatório anual de envio de maquinaria têxtil, publicado pela International Textile Manufacturers Federation (ITMF), a China ocupa a posição de líder no ranking mundial de máquinas no setor têxtil.[6]

No mercado externo de máquinas e equipamentos para a indústria têxtil, o Brasil é referência na América Latina. Com atuação junto às empresas do setor têxtil e de confecção no desenvolvimento de estratégias para conquistar o mercado global, o Programa de Internacionalização da Indústria Têxtil e de Moda Brasileira (Texbrasil) ajuda empresas que desejam exportar. A Abit conduz o Programa TexBrasil, em parceria com a Agência Brasileira de Promoção de Exportações e Investimentos (Apex-Brasil).

A associação mais importante nessa área é a Associação Brasileira da Indústria de Máquinas e Equipamentos (Abimaq). Seu objetivo é atuar em favor do fortalecimento da indústria nacional, mobilizando o setor, realizando ações junto às instâncias políticas e econômicas, estimulando o comércio e a cooperação internacional e contribuindo para aprimorar seu desempenho em termos de tecnologia, capacitação de recursos humanos e modernização gerencial.

A Apex-Brasil, em parceria com a Abimaq, promove as exportações brasileiras de máquinas e equipamentos, assim como fortalece a imagem do Brasil como fabricante de bens de capital mecânico com tecnologia e competitividade por intermédio do programa Brazil Machinery Solutions.

Mesmo defasado em relação aos países desenvolvidos, o Brasil fez alguns avanços tecnológicos significativos. Entre as tecnologias "inteligentes" aplicadas à indústria brasileira, destacam-se: a holografia, as fibras ópticas, o laser, a automatização, os programas de computação e as redes de comunicação intranet e internet. Com

---

[5] Idem à anterior.

[6] GUIA JEANSWEAR. Disponível em: guiajeanswear.com.br. Acesso em: 12 jul. 2018.

sistemas de análise de fibras, é possível testar e monitorar o produto – da matéria-prima ao estágio final de tecido –, a fim de antecipar problemas na confecção. Sistemas de gestão da informação propiciam aos fabricantes têxteis maior planejamento da produção, assegurando estoque mínimo com reposição projetada para prevenir a falta ou o excesso de material, evitando paradas de produção, ao mesmo tempo que os capacitam ao atendimento de demandas imprevistas. Sistemas de código de barra são usados em máquinas de corte automático do tecido para informar a metragem aplicada e a quantidade existente de rolo de tecido.

A Audaces[7] é um exemplo de indústria nacional que fornece sistemas e equipamentos para automatizar as indústrias de confecções.

PARA SABER MAIS
Sobre Audaces, também podemos saber mais em: https://www.audaces.com/como-a-automacao-reduz-custos-em-uma-confeccao/

Uma opção entre os investimentos tecnológicos dos produtos no setor têxtil é a embaladeira automática ou semiautomática.[8]

No entanto, investimentos apenas em máquinas não são suficientes. Sem uma força de trabalho treinada para operar as máquinas com eficiência e gerenciar as fábricas, não se atingirá a meta de tornar eficaz o indispensável retorno dos investimentos. É imperativo desenvolver as habilidades dos recursos humanos em todos os níveis para que todas as novas tecnologias sejam dominadas e os produtos, corretamente comercializados.

Cada vez mais, as mudanças tecnológicas têm demandado treinamento. Por isso, é fundamental demonstrar para a equipe de colaboradores as últimas novidades tecnológicas que estão mudando a rotina da indústria por meio dos treinamentos.[9]

---

[7] AUDACES. "Indústria 4.0". Disponível em: www.audaces.com. Acesso em: 2019.

[8] DELTA MÁQUINAS TÊXTEIS. "Como apresentar seu time interno para as novas tecnologias e equipamentos industriais?". Disponível em: https://www.deltaequipamentos.ind.br/industria-textil/como-apresentar-seu-time-interno-para-as-novas-tecnologias-e-equipamentos-industriais/. Acesso em: 9 ago. 2020.

[9] Idem à anterior.

Confecções e malharias

As confecções ainda se mostram frágeis com relação "a adesão à Indústria 4.0". Já que o setor de confecção se mantém de certa forma tradicional e dependendo da máquina de costura, observa-se que houve inovações, apesar de o sistema continuar semelhante. Os avanços obtidos se incorporaram somente a algumas etapas do processo no corte dos tecidos (produção de moldes de papel por computador e, nas soluções mais avançadas, programação dos moldes e corte automático comandados por computador). Isso se deve ao caráter quase artesanal da montagem das peças de roupa, que exige um manejo difícil de ser reproduzido por máquinas.

A etapa da costura é uma das fases de produção menos avançadas, pois a operação de transformação de partes bidimensionais em roupas tridimensionais via manipulação de material durante a costura é a mais complexa e, portanto, difícil de automatizar.

Um dos avanços nesse setor foi a utilização da tecnologia CAD/CAM, tanto nas fases de concepção e desenho como na preparação e execução do corte de tecidos. O desenho dos modelos em computador (CAD) reduz quase à metade o tempo tradicional e torna a produção muito mais flexível. Além disso, estima-se que a economia, em termos de matéria-prima, gire em torno de 10% com a utilização do sistema. Antigos processos se tornam rapidamente obsoletos; logo, na indústria do vestuário, os designers precisam conhecer e atualizar-se com a tecnologia de produção existente e mais inovadora. As máquinas apresentam limitações, a criatividade deve adequar-se à tecnologia e aos elementos funcionais necessários para a concepção do produto.

No setor de costura, uma peça de roupa requer, muitas vezes, a utilização de vários tipos de máquinas, acessórios e aparelhos. Na produção, o costureiro é orientado a usar a máquina adequada, que deve estar devidamente afinada com os acessórios escolhidos para a realização de uma costura eficaz. Os processos eletrônicos das máquinas de costura facilitam o trabalho do costureiro.[10]

---

[10] E-MILLENNIUM. "A automatização é o futuro da confecção". Disponível em: https://e--millennium.com.br/importancia-de-automatizar-confeccao. Acesso em: 18 ago. 2020.

Quando um sistema CAD é empregado, algumas tarefas são executadas com perfeição e rapidez. Com o registro de todos os trabalhos elaborados anteriormente, a base de dados de modelagem presente no sistema pode sugerir:

- que base existente poderia ser usada;

- mesmo que a base de modelagem seja nova, quais peças ou complementos (colarinhos, mangas, lapelas, entre outros) poderão ser aproveitados das bases existentes; e

- eventuais modificações que devem ser efetuadas na modelagem (um recorte, um ajuste de medida etc.) para garantir uma otimização do consumo de tecido no risco a efetuar.

As novas tecnologias disponibilizadas pela Indústria 4.0 também beneficiaram o setor de confecção. Entre elas, podemos citar a redução do tempo de produção, de custo, de sobras, de poluentes, além do aumento da produtividade e do faturamento. O avanço é significativo: as confecções conseguem virtualmente modelar, prototipar, avaliar modelo, medidas e tamanho.

O aprimoramento na tecnologia da confecção e, por conseguinte, no processo de costura trouxe uma nova mudança: roupas fabricadas por robôs, os sewbots. Esses robôs são dotados de câmeras e software de visão computacional para fazer parte da fabricação do vestuário.

Como o restante da indústria têxtil, a indústria de malharia brasileira continua sendo bastante heterogênea em termos tecnológicos. Em geral, porém, o parque produtor de malhas brasileiro é mais atualizado tecnologicamente que o de tecidos planos, em função, fundamentalmente, dos menores investimentos requeridos. A competitividade das exportações brasileiras do segmento de malhas – que vem abocanhando parcelas cada vez maiores das exportações totais de têxteis – é um bom sinalizador do nível tecnológico do segmento.

A fabricação de malha pode ser realizada em uma linha de produção autônoma. No setor de malharia, a Indústria 4.0 encontrou um cenário fértil e foi incorporada mais facilmente em razão de menores custos de investimento, se comparada ao setor dos tecidos planos e da confecção, no caso de processo da costura. O tear de malha corta automaticamente a malha e adiciona um QR code com informações pertinentes à malha, como estrutura, tipo de fio, tear, cliente e lote. O processo segue por esteira, sendo a malha transportada para revisão e posteriormente para embalagem.[11]

O cenário ideal para tomar o lugar das amplas oficinas de confecção – dispensando-se assim as mesas de desenho e corte, os rolos de amostra de tecido e as pilhas de peças modeladas (mangas, bolsos, palas etc.) – seria uma mesa digitalizadora e um mouse acoplados a um microcomputador. Os programas transportam para o monitor a mais ousada imaginação dos desenhistas, examinam o modelo criado e determinam a maneira correta de produzir um desenho específico de corte para cada tamanho.

Além de poupar os profissionais da indústria do cansativo trabalho manual, o computador lhes coloca à disposição um sistema de imagens instantâneas. O teclado ou o mouse monitora uma seta na tela do computador, cuja função é indicar as tarefas a serem executadas. Por exemplo, o computador mostra um tecido cuja textura não agrada ao estilista. O mouse é acionado para levar a seta até o lugar na tela em que fica o comando apropriado. Tão logo seja acionado o mouse, o computador mostra um tecido com textura diferente. Da mesma forma, pode-se mudar o local de um botão em um modelo ou o comprimento da manga.

Até esse momento, tudo existe apenas nos circuitos eletrônicos da máquina – e, como tal, pode ser alterado quantas vezes forem necessárias para se chegar à perfeição ou ao ideal do seu criador. Um comando faz com que a imagem seja impressa diretamente sobre uma amostra de tecido. O resultado contém detalhes precisos e tão facilmente assimiláveis, que pode ser usado em catálogos ou anúncios sem mais retoques.

---

[11] MAESTRI, Gabriela. "Indústria 4.0 no setor têxtil: diagnóstico atual, desafios e oportunidades para o futuro digital". *Repositório Institucional da UFSC*. Blumenau: UFSC/SC. Disponível em: repositorio.ufsc.br. Acesso em: 24 ago. 2020.

A importância da tecnologia de ponta para o setor têxtil

Para cada etapa da cadeia produtiva torna-se imprescindível operar com maquinário apropriado e modernizar os meios de produção. No segmento de fiação, os equipamentos devem garantir o aproveitamento ideal do material e a manutenção da qualidade superior do produto. A fiação deve ter continuidade na etapa subsequente, malharia e/ou tecelagem, pois, se oferecidos no início da cadeia, os fios diferenciados deverão ser trabalhados com maquinário de alta performance na produção de malhas e tecidos.

> *Como a cadeia produtiva da cadeia têxtil é linear, ela precisa estar interligada a cada fase, portanto as confecções também devem acompanhar a evolução dos maquinários do seu segmento.*[12]

Em resumo, a automatização é um custo-benefício, ou seja, um investimento de alto retorno, pois os gastos para a implantação de início podem ser altos, mas, a curto prazo, promovem uma redução bem atrativa a ser considerada por todas as empresas da cadeia têxtil.

Um grande desafio – Inovações tecnológicas têxteis

Tecidos apresentam novidades

A inovação tecnológica desenvolvida em laboratórios, muitas vezes para designers de moda ou tecelagens consagradas, atualmente visa à maior praticidade. Desenvolver tecidos mais leves, acabamentos que dispensam o ferro de passar e até incorporar propriedades antibactericidas são exemplos das preocupações presentes na indústria hoje.

Com fibras sintéticas, hoje, é possível construir qualquer textura, toque ou visual. Um tecido térmico criado pela agência espacial norte-americana, que contém microcápsulas de parafina em sua trama, muda de acordo com a temperatura do corpo: quando au-

---

[12] DELTA MÁQUINAS TÊXTEIS. "Qual é a relação da produtividade têxtil e o avanço do setor". Disponível em: https://www.deltaequipamentos.ind.br/industria-textil/qual-e-a-relacao-da-produtividade-e-avanco-do-setor-textil/. Acesso em: 9 ago. 2018.

menta, a parafina liquidifica e armazena calor; quando esfria, solidifica de novo.

A evolução do uso das fibras sintéticas vai ao encontro também de outra exigência dos consumidores do novo milênio: produtos ecologicamente corretos. Produzidos em laboratório, os tecidos sintéticos facultam maior controle da emissão e reaproveitamento de resíduos químicos.

Em sintonia com o conceito ecológico, a DuPont desenvolveu um fio de poliéster com base na síntese do milho. Biodegradável, recebeu o nome de Sorona. Segundo a empresa, os fabricantes estão investindo cada vez mais na busca de alternativas que não utilizem derivados de petróleo em sua produção.

Um dos maiores fabricantes nacionais de jeans, a Santista Têxtil lançou no mercado o jeans reciclado. Feito de sobras das confecções, jeans usados e retalhos, as peças saem da fábrica com o selo Gold Denim. As calças recicladas foram desenvolvidas com alvo nos consumidores que não se importam em pagar mais por produtos diferenciados.

Para atender a esse seleto grupo de consumidores, a indústria não mede esforços. A Santista investe regularmente no desenvolvimento de novos produtos e mantém taxas de inovação elevadas. Os pesquisadores estão empenhados em desenvolver jeans mais leves, que possam secar mais rápido e consumir menos energia nesse processo. A questão ambiental está levando os consumidores a valorizar até mesmo produtos que não utilizem matéria-prima produzida em áreas agricultáveis.

Na onda ecológica, o Brasil importou tecidos de cânhamo, já que as leis do nosso país proíbem o plantio da espécie. Os tecidos que misturam seda e algodão com os fios da erva chegaram pela primeira vez ao Brasil na metade da década de 1990. Considerados muito quentes e pesados para o clima e os padrões nacionais, não empolgaram os designers de moda. De lá para cá, a tecnologia se encarregou de resolver o problema.

Meia anticelulite

A Indústria de Meias Scalina, fabricante da marca de meias finas TriFil, instituiu, no começo da década de 2000, um novo conceito de meias no país: o de modelagem. O primeiro produto com esse conceito, que não envolve propriedades terapêuticas, é uma meia que promete combater a proliferação da celulite de grau um (inicial). A meia faz um micromassageamento constante, que melhora a circulação sanguínea e evita, assim, a formação de pontos de concentração de gordura. A Impuls, conhecida como a "meia do bumbum" por projetar a região glútea e modelar a barriga, teve ótima aceitação no mercado feminino.

Couro com Lycra®

O couro natural com Lycra® foi considerado uma das maiores inovações tecnológicas dos últimos tempos no setor brasileiro de calçados. Embora tenha sido exibido em poucas vitrines, na época, os sapatos fabricados em couro natural com Lycra® apresentavam uma vantagem sobre os de couro natural.

As fabricantes homologadas apostaram naquilo que os sapatos com Lycra® têm de melhor: o conforto. As empresas estão cautelosas com relação às vendas. O motivo de previsões tão cautelosas é um só: o preço, que hoje em dia já se diluiu.

Inicialmente, o produto foi usado apenas em calçados femininos e especiais para a dança.

Peles sintéticas

Para atender à demanda por peles sintéticas – ou peles ecológicas, como se conhece no mercado fashionista –, as indústrias desse setor vêm desenvolvendo em todo o mundo técnicas inovadoras para fazer com que o aspecto das peles fique cada vez mais próximo do real. Hoje, é possível encontrar formas variadas de peles sintéticas que imitam com qualidade a pelagem encontrada em coelhos, raposas, girafas, cordeiros, ursos, onças, visons, entre outros.

Após anos de pesquisa e desenvolvimento, hoje em dia a utilização desse material na indústria têxtil deve-se muito à qualidade das matérias-primas e do produto final. O resultado é um material, em média, dez vezes mais barato que o original e que não prejudica a fauna. No Brasil, como a produção de peles legítimas é controlada pelo Ibama, é necessário criar os animais especificamente para essa utilização.

A moda está em constante evolução, tanto quanto a tecnologia. Essas duas áreas entrelaçadas caminham juntas para melhorar o dia a dia do consumidor, trazendo soluções práticas aplicadas a todos os itens do guarda-roupa.

Nesta nova edição do livro *As engrenagens da moda*, juntamos os tecidos tecnológicos mais acessíveis e funcionais. Entre eles ressaltamos os têxteis inteligentes[13] com características especiais, tais como:

- **Anti-UV** protege contra os raios solares, podendo alcançar o fator de proteção 50+, ou seja, UPF 50+ (Ultraviolet Protection Factor). Atletas e esportistas, como surfistas, são adeptos a roupas que utilizam essa tecnologia.

- **Antichamas** detêm ou retardam a combustão, portanto dificilmente são inflamáveis, freando o fogo para que não se espalhe, preservando então a integridade física do usuário. Os bombeiros são um bom exemplo de profissionais expostos a situações de fogo repentino. Quem trabalha com arco elétrico também deve se proteger com vestimentas antichamas.

- **Hidratantes** são tecidos ou cosmetotêxteis impregnados de microcápsulas que liberam substâncias que relaxam, refrescam e hidratam a pele. Algumas roupas para ficar em casa, como robes, roupões, pijamas e peças íntimas, estão sendo confeccionadas nesses tecidos de fibra de bambu com aloe vera (babosa), óleo de jojoba, vitaminas A e E que proporcionam hidratação para a área da pele a qual elas vestem.

---

[13] SÁNCHEZ, Dr. Ing. José Cegarra. "Tecnologia na moda: descubra as novidades". *Digital e têxtil*. Disponível em: https://www.digitaletextil.com.br/blog/tecnologia-na-moda/. Acesso em: 24 ago. 2020.

- **Tecidos frescos** oferecem conforto térmico e performance para diversos segmentos de moda, pois têm por finalidade aumentar o efeito de frescor. Além disso, conseguem armazenar ou liberar energia em forma de calor latente, mantendo a temperatura corporal.

- **Antibacterianos** impedem as bactérias de se multiplicarem, eliminando os maus odores e garantindo higiene e conforto.

- **Antivirais**[14] recebem acabamento tecnológico de íons de prata, que promove a ruptura da membrana lipídica do vírus, desativando-o e inibindo o seu crescimento e permanência no material têxtil. São eficientes no combate aos vírus envelopados (como o coronavírus) e não envelopados, e alcançam notável redução na propagação e contaminação por eles ocasionadas, em virtude da propriedade antiviral aplicada por meio de nanotecnologia. Temos tecelagens nacionais que lançaram no meio da pandemia da covid-19 tecidos antivirais, com tecnologia 100% brasileira.

PARA SABER MAIS
Química Têxtil – n. 82/mar.06 Dr. Ing. José Cegarra Sánchez Artigo publicado na "Revista de La Industria Textil" – Espanha. + https://www.digitaletextil.com.br/blog/tecnologia-na-moda/

Os negócios via internet

Quando o assunto é varejo sem loja, o exemplo mais atual é a venda pela internet. Não se pode falar de tecnologia sem tocar nesse tópico, uma vez que foi o desenvolvimento tecnológico que causou, e está causando, a maior mudança no mundo. Como as informações chegam em tempo real, os correios para mensagens pessoais praticamente se tornaram obsoletos, pois o email substitui bem essa função e o comércio está se desenvolvendo nesse novo mercado.

Lojas de vestuário criaram home pages, que, em sua maior parte, apresentam conteúdo institucional, e algumas poucas desenvolveram sites de vendas também. Com a intenção de melhorar o desem-

---

[14] COSTURA PERFEITA – Edição Ano XXI – N. 115 – Maio/Junho – p. 62/. Disponível em: https://pt.calameo.com/read/004640919496b80d88a4f. Acesso em: 24 ago. 2020.

penho de suas vendas no atacado, lojas em todo o Brasil criaram sites. Neles, estão disponíveis imagens das coleções, informações sobre a empresa e até dicas de como melhorar o desempenho nas vendas. A criação do site teve o intuito de facilitar ao máximo a compra para os lojistas, levando a loja até eles.

No final da década de 1990, as grifes que adotaram esse processo ocuparam um papel quase pioneiro de venda pela internet. Como consequência, pagaram por sua incursão em um terreno promissor, mas ainda pouco frequentado. Os responsáveis pela implementação do site fizeram um CD de divulgação para oferecer o acesso, por terem notado que as pessoas ainda tinham poucas informações sobre esse tipo de negócio. Um fato muito observado na época foi a utilização do site como catálogo fotográfico, o que já representava um modo de prestar serviço ao consumidor.[15]

Muitas adaptações estão sendo feitas e continuarão a ocorrer até que esse mercado realmente funcione com eficiência. Um dos maiores problemas enfrentados no varejo via internet foi a logística de entrega. Em 1999, nos Estados Unidos, milhares de crianças não receberam seus brinquedos de Natal porque uma empresa que se propôs a vender pela rede não conseguiu entregar as mercadorias em tempo. Como resolver a decepção das crianças na noite de Natal? A empresa resolveu dar US$ 100 para cada cliente afetado. O que não se pensou foi que nenhuma quantia é capaz de recuperar a decepção das crianças, muito menos o constrangimento dos pais diante de tal problema.

Com pouco mais de 25 anos no Brasil, o e-commerce se consolidou ao oferecer diversificação dos meios de pagamento, melhorias na segurança das transações online, agências especializadas em marketing digital, tecnologias e canais de negócio e multiplicação dos canais de venda. A omniera, que já dura sete anos no país, evoluiu de uma grande tendência a uma obrigação para as empresas que se relacionam com o consumidor.

---

[15] GONSALES, Samuel. "Um olhar para a retomada pós-pandemia". E-commerce. p. 38. *Costura perfeita* – Edição Ano XXI – N. 115 – Maio/Junho Disponível em: https://pt.calameo.com/read/004640919496b80d88a4f. Acesso em: 24 ago. 2020.

No Brasil, o desenvolvimento da venda de produtos de moda via internet ainda é bastante reduzido. Como já citado, a maior parte das empresas está trabalhando apenas com páginas institucionais na rede. A importância do comércio de roupas, calçados e acessórios responde por mais de 50% da área bruta locada nos 577 shoppings brasileiros, sendo mais de 200 mil lojas ativas nesse segmento. Esses segmentos operam canais de varejo praticamente "analógicos", aproveitando muito pouco das vendas online. As vendas online desses produtos somaram em torno de 2% das vendas totais de varejo.

No segmento de moda, o e-commerce sempre foi um canal de venda menos valorizado pelas grandes marcas do setor, que alegam que as compras de produtos de moda são realizadas por impulso. As marcas que sobreviveram à pandemia do coronavírus são aquelas que estavam posicionadas nos diferentes canais de venda – multicanalidade ou omnichannel, ofertando aos clientes a oportunidade de adquirir o que quisessem, no momento que quisessem, pelo canal que quisessem.[16]

Cada vez mais, o número de compras realizadas por meios digitais e entregues por algum tipo de serviço de entrega rápida está sendo incorporado ao comportamento dos consumidores.[17]

As empresas de moda devem atentar para como facilitar a vida de seus consumidores fazendo uso de tecnologias de atendimento, assim como melhorar os relacionamentos em sua cadeia de suprimentos com a utilização de tecnologias.

O modo de consumo e-commerce está crescente no país, pois o consumidor busca, cada vez mais, realizar compras via internet, pela comodidade e facilidade em comparar preços.

---

[16] PRADO, Marcelo V. "Os impactos da crise no setor de moda: perspectivas para 2020 e desafios para as marcas". *Costura perfeita* – Edição Ano XXI – N. 115 – Maio/Junho. p. 12 e 13. Disponível em: https://pt.calameo.com/read/004640919496b80d88a4f. Acesso em: 25 ago. 2020.

[17] ROMITO, Fábio. "Um olhar para a retomada pós-pandemia". *Costura perfeita* – Edição Ano XXI – N. 115 – Maio/Junho. p. 14. Disponível em: https://pt.calameo.com/read/004640919496b80d88a4f. Acesso em: 25 ago. 2020.

Segundo o estudo do IEMI – Inteligência de Mercado, com as primeiras projeções de 2020 pós-coronavírus para o mercado de moda brasileiro (varejo, indústria, vestuário e calçados), 76% de consumidores entrevistados que pretendem fazer compras no varejo de moda o farão por internet. Os canais que eles mais têm utilizado no período da pandemia para se comunicar com as lojas de roupas e calçados são os sites da própria loja/marca (58%); aplicativo da loja (38%); WhatsApp da loja (38%); e Instagram da marca/loja (37%).[18]

Diversas formas de comércio pela internet estão sendo criadas com o objetivo de aproveitar melhor a evolução desse sistema. Um exemplo é a Bolsa de Mercadorias Têxteis. Ela é uma central de compra e venda pela internet, com características de associação, criada para intermediar negócios dentro da cadeia têxtil. As empresas interessadas em colocar seus produtos na Bolsa (de matérias-primas a máquinas e resíduos industriais) devem se tornar associadas.

A Bolsa de Mercadorias Têxteis, criada para intermediar negócios via internet, oferece três modalidades de mercado: aberto, fechado e leilão eletrônico.

A Bolsa oferece aos associados três modalidades de mercado: aberto, fechado e leilão eletrônico. No mercado aberto, o associado divulga seu nome, telefone e produtos, que são negociados diretamente entre ela e o comprador. No mercado fechado, os negócios são intermediados pela Bolsa por uma equipe de representantes de vendas em campo.

Os compradores fecham negócios por meio dos representantes ou diretamente com a Bolsa (via internet, telefone ou fax). Por fim, no leilão eletrônico, os produtos são anunciados e ficam à espera dos lances dos interessados. A comissão da Bolsa sobre o valor do negócio varia de 3% a 6%.[19]

---

[18] JUNG, Mílton. "A intenção de compra do brasileiro e as lições para o varejo, em meio a pandemia". *CBN*. Disponível em: observatorio_setor_moda_sistemafecomercio_CTS2018 p.33. Disponível em: https://miltonjung.com.br/2020/04/14/a-intencao-de-compra-do-brasileiro-e-as-licoes-para-o-varejo-em-meio-a-pandemia/. Acesso em: 2022.

[19] TEXTÍLIA. "Plataforma mundial B2B de pesquisa online para o mercado têxtil". Disponível em: http://www.textilia.net/materias/ler/textil/mercado/plataforma-mundial-b2b-de-pesquisa-online-para-mercado-textil. Acesso em: 25 ago. 2020.

Outro tipo de negócio que está sendo desenvolvido via internet é o business to business (B2B), ou seja, "de negócio para negócio", sem envolvimento do consumidor final. A plataforma global de pesquisa B2B GoSourcing365 é voltada para o mercado têxtil (fabricantes e fornecedores internacionais de fios, tecidos, vestuário, acabamentos, acessórios, corantes e produtos químicos) para networking com fabricantes e fornecedores internacionais. Um exemplo da utilidade desempenhada online é a possibilidade de os compradores de vestuário poderem ver, comparar e conectar-se com os fabricantes de roupas para suas necessidades de fornecimento.

Shoppings na internet

Os shopping centers também estão de olho nas vendas pela internet. A ideia é integrar todos os shoppings que fazem parte do mesmo grupo administrador por cabeamento interno. Com isso, as lojas ficarão ligadas em um mesmo sistema. Ainda dentro desse projeto de informatização serão lançados cartões de fidelização com programas de milhagem e, na fase seguinte, o portal de compras. Tudo será regido por um contrato, em que o shopping ganhará uma participação sobre as vendas na rede. Quem não vender não perderá nada. Nessa negociação entre lojistas e administradoras, alguns detalhes ainda precisam ser definidos. O principal deles diz respeito ao investimento que cada lojista terá de fazer em uma estrutura logística eficiente.

Na avaliação de consultores especializados em varejo, os shoppings estão simplesmente tomando a dianteira em um processo irreversível no varejo mundial. Eles não têm como lutar contra o e-commerce. Se antes os lojistas de shopping consideravam o comércio virtual um concorrente, hoje também começam a perceber que a tendência é irreversível. O modelo do varejo no futuro é a operação nos dois canais. O que precisará ser bem administrado é a logística de distribuição para evitar problemas.

A tecnologia é o conceito que mais muda e se desenvolve no mundo. Não há mais opção para aqueles que fazem parte da sociedade urbana, a não ser aprender a lidar com ela. Quem não se atualizar com frequência se dará conta, em algum ponto da vida, de que o mundo evoluiu e ele ficou para trás. Para os que pretendem entrar no mercado de trabalho, o conhecimento da informática é imprescindível, assim como o da língua inglesa. Não se pode negar a grande importância da tecnologia no desenvolvimento do mundo moderno. A postura a seguir é tentar absorver o mais rápido possível as inovações existentes e ficar de olhos abertos para as que estão por vir.

A modalidade drive-thru conquistou shoppings em todo o país durante a pandemia da covid-19. Adotado pelos lojistas de moda, a mercadoria comprada via site, app ou WhatsApp da loja era entregue e retirada no estacionamento do shopping, em data combinada com o cliente, devidamente embalada e higienizada, sem a necessidade de ele sair do carro.[20]

O processo de digitalização foi acelerado com a pandemia. As empresas da cadeia têxtil que já tinham incorporado a cultura da digitalização, ferramenta poderosa de gerenciamento, eficiência, redução de tempo e custos, sobreviveram à crise econômica gerada pelo coronavírus. A digitalização confere às empresas a capacidade de estar presente em todos os seus meios e ter uma boa gestão dos seus processos. Como a tecnologia barateou bastante nos últimos tempos, torna-se imprescindível investir em integração com loja virtual e ter a capacidade de distribuir informação pela web em todos os canais de redes sociais.[21]

O varejo de moda para pequenos negócios reinventou-se e tornou o WhatsApp Business uma das ferramentas mais populares depois do e-commerce. Ao contornar o distanciamento social e aproveitar os aplicativos que estão disponíveis na internet, a negociação online ficou mais fácil e ágil, possibilitando melhor conexão com os

---

[20] COSTURA PERFEITA – Edição Ano XXI – N. 115 – Maio/Junho – Varejo – Moda Drive-thru - p. 30. Disponível em: https://pt.calameo.com/read/004640919496b80d88a4f. Acesso em: 25 ago. 2020.

[21] Fonte: idem ref. 20. "Digitalização, agora é imperativa". p. 34. Acesso em: 2020.

clientes. Entre essas ferramentas de apoio, encontram-se: catálogo, etiquetas, perfis comerciais, ferramentas de mensagens e o WhatsApp Web, que gerencia conversas e envia arquivos aos clientes.[22]

Metaverso e a moda

É impossível falar de tecnologia e não se envolver com o tema mais comentado nos últimos tempos: o metaverso. Todavia, do que estamos falando? O metaverso, nos dias de hoje (pois ele ainda está em desenvolvimento), é "uma combinação de realidade virtual e mundos de realidade mista acessados por meio de um navegador ou fone de ouvido, o que permite que as pessoas tenham interações e experiências em tempo real a distância".[23] Explicando em termos mais simples, "o metaverso pode ser considerado como o universo que excede as barreiras físicas do mundo real",[24] em que se pode criar uma vida paralela à qual estamos acostumados a viver. Nele, compram-se terrenos, roupas, obras de arte e constroem-se casas, entre outras atividades antes possíveis apenas no mundo real. Essas compras são possíveis por meio de NFT (token não fungível), nada além de um tipo de criptomoeda que, por ser codificada, assegura a propriedade de um bem no mundo digital.

Um dos mercados que mais tem investido nessa nova realidade é o mundo da moda. Grifes têm criado departamentos específicos (e reais!) para o desenvolvimento de coleções digitais a serem vendidas no metaverso. A Metaverse Fashion Week, semana de moda internacional no mundo digital, reuniu mais de quarenta marcas entre Dolce & Gabanna, Tommy Hilfiger, Forever 21 e Paco Ra-

---

[22] COSTURA PERFEITA – Edição Ano XXI – N. 115 – Maio/Junho – Varejo – Digitalização "A ascensão de novos canais de venda - p. 36. Disponível em: https://pt.calameo.com/read/004640919496b80d88a4f. Acesso em: 24 ago. 2020.

[23] FORBES. "What is the metaverse and why should you care". Disponível em: https://www.forbes.com/sites/deborahlovich/2022/05/11/what=-is-the-metaverse-and-why-should-you-care/?sh-98b41b827048. Acesso em: 7 out. 2022.

[24] TECMUNDO. "Metaverso: o que é e quais as implicações no 'mundo real?" Disponível em: https://www.tecmundo.com.br/internet/239105-metaverso-implicacoes-mundo-real.htm#:~:text=O%20significado%20de%20%E2%80%9Cmeta%E2%80%9D%20quer,exatamente%20o%20que%20ele%20%C3%A9! Acesso em: 7 out. 2022.

banne.[25] Nesse caminho, o Brasil não ficou atrás. Olivia Merquior, uma das maiores estudiosas da relação entre metaverso e moda no Brasil, criou, em 2021, a primeira semana de moda imersiva do país, a Brazil Immersive Fashion Week. "Se falamos em representação no metaverso, que significa se expressar em espaços virtuais, precisamos discutir quais são as novas possibilidades para as personas que queremos ser. A gente pensa nas plataformas imersivas como um ecossistema de código aberto, em que as pessoas possam criar suas experiências de forma independente e livre.".[26]

E se o universo digital é sobre "fugir do mundo real para realidades mais convidativas, onde cada um pode se transformar na melhor versão de si mesmo",[27] a moda é uma ferramenta imprescindível nesse caminho. A plataforma de roupas digitais DRESSX oferece produtos de moda clássicos, assim como criações de alta-costura para serem compradas com NFTs. Daria Shapovalova, uma das criadoras dessa plataforma, atestou que "em alguns países como o Reino Unido, cerca de uma em cada dez pessoas só compra uma roupa para postá-la nas redes sociais, antes de devolvê-la".[28] Por sua vez, a grife Balenciaga e seu diretor criativo, Demna Gvasalia, possibilitaram, por intermédio da DRESSX, que as pessoas experimentassem virtualmente uma criação de alta-costura. Essa experiência só se tornou possível com o metaverso, levando em consideração os preços astronômicos encontrados nesse mercado exclusivo do mundo real. Outras marcas como Gucci, Louis Vuitton e Nike também têm se aventurado nesse caminho, criando "universos digitais particulares" de olho nesse mercado ainda em formação, mas com futuro garantido.

E foi dada a largada! Como não poderia deixar de ser, a moda se apresenta com força para marcar seu território em mais um movi-

---

[25] FORBES. "Moda e metaverso: limites, desafios e oportunidades híbridas". Disponível em: https://forbes.com.br/forbes-tech/2022/09/moda-e-metaverso-limites-desafios-e-oportunidades-hibridas/. Acesso em: 7 out. 2022.

[26] Idem à anterior.

[27] L'OFFICIEL. "Metaverso: o que é e como ele pode influenciar em nossa vida?" Disponível em: https://www.revistalofficiel.com.br/cultura/metaverso-o-significado-transformar-vidas". Acesso em: 7 out. 2022.

[28] Idem à anterior.

As engrenagens da moda
CAPÍTULO 3

mento sociocomportamental. Foi assim no início do século XX, com a libertação do corpo feminino; foi assim com Christian Dior e seu New Look no pós-Segunda Guerra, com os jovens ganhando voz e ditando tendência de moda nos anos 1960, como também aconteceu com o movimento hippie e os punks na década de 1970. Logo, a moda não poderia deixar de fincar a sua bandeira também no metaverso e em seu mundo paralelo.

CAPÍTULO

4 Os mil e um mercados da moda

O mercado de moda é uma das mais importantes searas de negócios dos tempos modernos. Preparado para oferecer respostas rápidas que atendam às demandas do consumidor, esse mercado, em um primeiro olhar, pode parecer dividido em apenas dois segmentos: feminino e masculino. Visto com maior atenção, apresenta uma série de subdivisões e, exatamente por essa razão, mostra-se atrativo para os profissionais que decidem apostar em oportunidades relacionadas à moda.

Apenas depois de perceber a amplitude do mercado, é possível vislumbrar horizontes na hora de escolher a especialização. Quando o estilista precisa determinar o estilo que quer adotar para sua coleção, um dos pontos mais importantes é definir o mercado que ele pretende atingir. Ou seja, é importante que esse profissional especifique com clareza o público-alvo que vai representar o estilo da sua coleção.

Os segmentos básicos sempre estarão presentes, mas os diferenciados podem surgir de acordo com a evolução do mercado e das culturas. Como já foi dito, os mercados mais conhecidos são o masculino e o feminino; este, o mais desenvolvido e com maior volume de vendas.

O mercado masculino é um pouco menos abrangente, uma vez que, por muitos anos, os homens deixaram de dedicar atenção especial ao seu guarda-roupa. O que se encontrava no mercado eram trajes para executivos (ternos, calças, camisas, gravatas), roupas para praia, esportes e passeio, entre outros exemplos de segmentos que são considerados básicos para determinadas ocasiões.

Hoje, com o culto à vaidade e o incremento do consumo de itens típicos do mercado masculino, outros segmentos foram criados, entre os quais acessórios, vanguarda, fitness, esportes radicais, escaladas, ciclismo e fashion. Assim como na moda feminina, a moda masculina, atualmente, está se desenvolvendo e novos segmentos estão sendo gerados.

PÚBLICOS E PRODUTOS QUE COMPÕEM AS PRINCIPAIS FACETAS DO MERCADO DA MODA

Adolescentes

Por atingir um público que ainda está em busca de estilo pessoal, o mercado adolescente apresenta muitas possibilidades de desenvolvimento. Portanto, ele pode ser considerado um segmento muito promissor dentro da moda para quem enxergar esse nicho, que, por sua vez, oferece um campo amplo de atuação. Em constante mutação, os jovens estão se organizando cada vez mais em grupos com ideologia, estilo e comportamento bem definidos. Além disso, estão começando a trabalhar mais cedo e adquirindo poder financeiro para consumir o que desejam. Quem montar uma estratégia de marketing eficiente para explorar esse segmento, com certeza terá em suas mãos um público forte e com grandes oportunidades de fidelização.

Plus size

Em termos comparativos, desde 2018 a produção de roupas plus size aumentou mais que a produção do setor de vestuário em geral.[1]

Há criações cada vez mais diversificadas e alinhadas com as tendências de moda mundiais para esse consumidor. Dessa forma, seu público tem mais facilidade em vestir o que deseja, criando um estilo próprio, sem ficar restrito às peças básicas disponíveis nas lojas. Esse mercado é composto dos segmentos feminino, masculino, infantil, adolescente, jovem e idoso.

Segundo a Abravest, o mercado plus size cresce 6% ao ano e movimenta cerca de R$ 5 bilhões, com aproximadamente trezentas lojas físicas, cerca de sessenta na plataforma de e-commerce e expectativa de crescimento de, pelo menos, 10% ao ano.[2]

Jeans

O jeans tem como matéria-prima base o denim e se encaixa em diversos tipos de produtos voltados para diferentes faixas etárias. Mesmo sendo visto com maior frequência na moda jovem, os produtos confeccionados com jeans, muitas vezes, conquistam um status único dentro das confecções, isto é, contam com departamentos, estilistas e compradores especializados nesse segmento.

O jeanswear é um dos setores mais ativos do mercado brasileiro. Das indústrias têxteis ao grande varejo e do atacado às exportações, o segmento está em constante ebulição.

De acordo com o perfil do setor divulgado pela Abit, referente aos dados gerais de 2018 (atualizados em dezembro de 2019), o Brasil é o quarto maior produtor e consumidor de jeanswear do mundo. O país também é considerado referência mundial em design de jeanswear,

---

[1] GBL Jeans. "Obesos representam 20% da população". Disponível em: https://gbljeans.com. br/gbljeans-especial/de-olho-no-movimento-do-mercado/obesos-representam-20-da--populacao/. Acesso em: 2021.

[2] GLOBAL MIX. "Moda plus size: explore este nicho de mercado". Disponível em: https:// www.globalmixx.com.br/moda-plus-size-explore-este-nicho-de-mercado/#:~:text=Segundo%20dados%20da%20Associa%C3%A7%C3%A3o%20Brasileira,pelo%20menos%2010%25%20ao%20ano. Acesso em: 2022.

junto a outros mercados como moda praia e homewear, demonstrando crescimento também nos segmentos de fitness e lingerie.[3]

Santista e Vicunha são as duas maiores produtoras de denim (matéria-prima base do jeans) do Brasil. Juntando as quase duas dezenas de fabricantes de denim, a produção nacional chega a 300 milhões de metros anuais, dos quais 50 milhões de metros são exportados.[4]

O jeans conquistou um espaço único dentro da moda e foi a peça de vestuário que sofreu o maior número de evoluções no século XX.

Segundo a Abit, é impossível mensurar o total de produtos jeans feitos no país, pois os itens são muito diversificados, como vestidos, camisas, saias, calças, jaquetas, entre outros. Estima-se que o Brasil produza hoje 270 milhões de pares de jeans por ano, sendo que 18% dessa produção está localizada no estado de Pernambuco. O sucesso dessa matéria-prima deve-se ao fato de ser um produto de massa, com apelo de moda, usado em diversas ocasiões e por todas as classes sociais.

PARA SABER MAIS
Sobre esse setor tão importante para a indústria brasileira, acesse http://www.gbljeans.com.br.

O que faz com que o jeans se mantenha sempre o velho e bom jeans, resistindo às mudanças semestrais das coleções? A cada seis meses é lançada uma coleção, fazendo com que a anterior já não tenha a mesma bossa.

As grifes de vanguarda são as que mais investem em modelagem e estilo; isso determina as tendências da estação e atrai confecções menores para o caminho por elas aberto. Um detalhe novo aqui, outro ali, e está feito. A única preocupação contínua é quanto ao aumento das vendas.

---

[3] ABIT Têxtil e Confecção. "Perfil do setor". Disponível em: https://www.abit.org.br/cont/perfil-do-setor. Acesso em: 2021.

[4] ISTOÉ DINHEIRO. "O país do jeans". Disponível em: https://www.istoedinheiro.com.br/o-pais-do-jeans Acesso em: 2022.

Entretanto, não é tão simples assim. De um lado, fabricantes de índigo gastam milhões de dólares em pesquisas de novas lavagens a cada ano. De outro, as confecções investem em pesquisas de tendências internacionais.

Há um investimento milionário por ano para o desenvolvimento de novas calças jeans – do tecido à modelagem final. A renovação é constante. A evolução do jeans no século XX foi brutal: nenhuma outra roupa sofreu tantas mudanças e ganhou tanto valor simbólico.

Lingerie

A lingerie adquiriu características novas nos últimos tempos. Deixou de ser apenas peça utilitária para fazer parte do imaginário sensual de mulheres e homens. Para atender esse público, empresas do setor estão investindo em coleções mais ousadas, que brincam com fantasias e fetiches.

Segundo o Estudo do Mercado Potencial de Moda Íntima e Meias, lançado pelo IEMI no primeiro semestre de 2019, o consumo interno de roupas íntimas no Brasil atingiu 880 milhões de peças.[5]

Com esses índices e a cultura mundial de que o Brasil é o país da sensualidade, o segmento da moda íntima tem pleno potencial para se tornar grande exportador, seja com produtos, seja como lançador de tendências. O motivo para tal afirmação é a excelente qualidade e a boa competitividade de custo das confecções e dos tecidos nacionais.

Moda praia

Se o Brasil é o país das praias, onde o corpo é o protagonista, nada mais coerente do que ser lançador de tendências no mercado de moda praia. Com altos investimentos em matéria-prima, maquinária e mão de obra especializada, esse segmento no Brasil tornou-se um dos primeiros a ser admirados e explorados no mundo. É senso comum que ninguém faz biquíni tão bem como os brasileiros. Se há

[5] ABIT Têxtil e Confecção. "Produção de moda íntima deve ter alta em 2019". Disponível em: https://www.abit.org.br/noticias/producao-de-moda-intima-deve-ter-alta-em-2019. Acesso em: 2021.

um produto nacional reconhecido lá fora como sinônimo de beleza, qualidade e originalidade, ele é o biquíni.

Conforme o grande interesse pelo Brasil, inflado pela admiração que as modelos brasileiras despertaram no mercado externo, as revistas americanas e europeias exibem em seus editoriais peças brasileiras, enquanto as principais lojas de Nova York oferecem as coleções completas de marcas nacionais. Por incrível que pareça, o biquíni não foi inventado por um brasileiro, e sim por um estilista francês, em 1946.

Nos dias de hoje, o Brasil se destaca pelo design arrojado, modelagem e tecnologia têxtil, o que faz do país um grande ditador de tendências. A cultura de um estilo de vida praiano nos dá a dianteira em relação a outros países que, de modo geral, ou têm a indústria ou têm as praias. O Brasil é o único que reúne os dois elementos.

Surfwear

Outro nicho muito característico de nosso país é a moda usada pelos praticantes e amantes do surfe, mais conhecida como surfwear. O Brasil tem mais de quatro mil quilômetros de praias e boa parte delas se presta ao surfe. Uma prova do potencial desse segmento são publicações e feiras especializadas que atendem a um grande mercado, principalmente no Rio de Janeiro, em São Paulo e Santa Catarina. A maior feira desse segmento, a Surf Expo, acontece em Orlando, EUA, duas vezes por ano.

O Brasil é um dos países que mais consomem o surfwear. Esse mercado "movimenta R$ 7 bilhões ao ano em roupas, pranchas e acessórios, segundo estimativas do Instituto Brasileiro de Surfe (Ibrasurfe)". De acordo com o Ibrasurfe, existem por volta de 3 milhões de praticantes no país, mas o mercado alcança um número maior de consumidores: 70% daqueles que consomem roupas de surfwear são não praticantes que admiram o esporte.[6]

O mercado de surfwear surgiu no Brasil na década de 1970 de uma forma muito artesanal. Com o desenvolvimento do esporte, criou-

[6] FORBES. "Conheça as cifras que vêm em ondas". Disponível em: https://forbes.com.br/principal/2019/09/conheca-as-cifras-que-vem-em-ondas/. Acesso em: 2021.

-se o estilo de vida. Em confecções de "fundo de quintal", as coleções eram fabricadas e depois vendidas por sacoleiros ou lojas do segmento. Com o passar dos anos, essa indústria se desenvolveu de tal maneira que há marcas com mais de 15 lojas no Rio de Janeiro e diversos pontos de revenda em outros estados.

Infantil e bebê

O mercado de moda infantil e bebê se tornou um importante nicho para a indústria têxtil e do vestuário. Terá um grande negócio nas mãos quem atrair esses pequeninos, que a cada dia assumem um papel mais importante na formação de opinião, influenciando inclusive as compras da família. No caso do mercado de artigos para bebê, os pais é que precisam ser atraídos na hora da compra. Nesse momento de encantamento com uma nova vida, eles querem dar aos filhos produtos que não só tenham qualidade mas também tragam ludicidade ao seu universo.

Não é fácil, contudo, agradar esses exigentes consumidores (crianças e pais). Os gostos variam muito dentro da faixa de idade de 2 a 10 anos, e os pesquisadores desse segmento precisam entender tais diferenças para adequar os produtos.

Caso se considere o avanço desse segmento no mundo das grifes, as crianças de hoje saem das maternidades mais bem-vestidas do que há cinco anos e se mantêm na "onda fashion" por muito mais tempo do que as gerações anteriores.

Nas classes mais abastadas, os pais vêm abrindo a carteira para comprar peças mais caras, aumentando o faturamento das empresas do setor. O volume de produção também tem subido, fato que mostra um crescimento de vendas entre fabricantes de produtos mais populares.

Em 1994, quando o Brasil abriu suas fronteiras aos mercados estrangeiros, os 990 fabricantes de roupas infantis no Brasil comercializavam pouco mais de um milhão de peças. Nos anos seguintes, o número de fabricantes especializados nesse segmento deu um salto.

Meias

A meia é um componente pouco comentado do mercado da moda, que exige grandes inovações tecnológicas e adaptações às necessidades de seu público-alvo. É considerada uma das principais peças do vestuário deste início de século. Entre as novidades estão a meia-calça com protetor solar, com "dedinhos de fora" (sem ponteira, para sandálias), as que escondem a barriga, as sem costura (que não marcam por baixo da roupa) e as push up (para levantar o bumbum). Outras inovações vistas nos últimos anos foram as meias com separação de dedos, para usar com chinelos, e as decoradas com temas variados e cores vibrantes, que se tornaram a sensação no visual dos jovens descolados. Dada a grande variedade de meias no varejo, os lojistas estão reestruturando-se, organizando melhor o visual e o mix de produtos para facilitar a decisão do consumidor na hora da compra.

As meias constituem um segmento em franca ascendência pelo próprio potencial a ser explorado, em razão das inovações tecnológicas e estratégias de marketing que demonstram cada vez mais o protagonismo que esse acessório pode ter na edição de um *look*.

Houve aumento de 32,5% no consumo de meias, entre 2015 e 2019, impulsionado pelo disparo das importações no período,[7] chegando a 947 mil peças em 2018.[8]

Para suprir o avanço no interesse desse artigo de vestuário, o aumento de produção foi inevitável junto às importações, que conquistaram um status importante entre os acessórios da moda.

Acessórios

O mercado de acessórios brasileiros conta com grandes indústrias nesse setor, o que demonstra a sua relevância como produto de moda. Os acessórios brasileiros são muito bem recebidos no exterior e importantes nomes internacionais os compram de fábricas brasileiras.

---

[7] IEMI. "Mercado potencial de moda íntima e meias 2021". Disponível em: https://www.iemi.com.br/highlights-do-mercado-potencial-de-moda-intima-e-meias-2020/. Acesso em: 2021.

[8] ABIT Têxtil e Confecção. "Produção de moda íntima deve ter alta em 2019". Disponível em: https://www.abit.org.br/noticias/producao-de-moda-intima-deve-ter-alta-em-2019. Acesso em: 2021.

Os profissionais de estilo que não se identificam com o trabalho em tecidos sobre o corpo podem voltar-se para esse segmento, que também lida com estilo. Na verdade, os acessórios são uma parte muito importante do traje. Complementam o chamado *look*, dando um acabamento ao visual da pessoa, muitas vezes transformando-se na peça principal. É possível ver nas ruas pessoas com uma roupa básica, mas com uma bolsa, um sapato ou colar que se destacam. Nesse caso, o acessório adquire uma importância maior do que a roupa.

Para quem decide enveredar para esse segmento, é importante buscar uma especialização direcionada. Ainda que utilize as mesmas bases de informação que a roupa, o acessório se diferencia em áreas como modelagem, manufatura, acabamento e em outras técnicas a que está especificamente ligado.

Mercados alternativos

Mercados alternativos, com ambientes ecléticos, têm surgido como opções diferenciadas para pontos de venda. A finalidade de tais mercados é vender produtos diferenciados de moda, assim como de música, arte e design. O Mercado Mundo Mix, iniciativa pioneira nessa área, é uma feira estilizada e itinerante que se propõe a vender peças de vanguarda assinadas por estilistas encarregados da comercialização e divulgação das próprias criações. No caminho aberto pelo Mercado Mundo Mix, surgiram outros eventos com o mesmo conceito, como a Babilônia Feira Hype e a Carandaí.

Os clientes dos mercados alternativos têm a seu dispor uma espécie de supermercado de tendências, no qual é possível criar um estilo à própria moda ou criar uma moda ao próprio estilo.

Se a preferência for seguir a carreira de estilista com foco nesse consumidor alternativo, o mercado a ser trabalhado será bem amplo. Um fato que não deve ser ignorado é o perfil do consumidor brasileiro para este novo milênio. Ele será mais esclarecido, mais ético, exigirá melhores serviços, observará as embalagens e terá consciência do que é preço justo e produto sustentável.

Os mercados alternativos são uma espécie de supermercados de tendências, que atendem aos mais variados gostos e estilos.

Como os participantes não são necessariamente fixos, a variedade de produtos encontrada nos mercados alternativos é infindável e pode proporcionar uma gama diferente de expositores a cada edição. No setor de vestuário é possível encontrar moda feminina, masculina e infantil, além de acessórios de vários tipos, como bolsas, bijuterias, óculos de sol e calçados. A depender do mercado, há também produtos de jardinagem, objetos de design e decoração, como opções de alimentação variadas, área para entretenimento infantil e shows ao vivo.

Esse tipo de ponto de venda acaba se tornando uma alternativa de ambiente mais informal para divulgação de produtos, uma vez que os frequentadores aproveitam o evento como um passeio. Um fator que não pode deixar de ser considerado ao escolher participar de um desses mercados é que o custo para expor seus produtos é muito menor que no modelo formal.

Com tantos estilos disponíveis para o consumo, cada um escolhendo o seu e as respectivas combinações, percebe-se que o mercado é grande o bastante para assimilar os bons profissionais que estão se formando.

Cama, mesa e banho

Os estudantes de moda que não se identificarem tanto com a função do vestir podem optar por um lado mais voltado para o design: o segmento de cama, mesa e banho.

Dormir está na moda. Dormir confortavelmente, mais ainda. Vender produtos para esse segmento é um bom negócio, mesmo em tempos de crise. Ou até por causa dela, que, às vezes, faz com que as pessoas fiquem em casa e na cama. O resultado disso pode ser medido pelo aumento da competição no segmento. São produtos que podem custar mais de R$ 1 mil e cobrem camas de quem sonha acordado.

Os produtos de mesa e banho seguem a mesma trilha em razão do movimento de permanecer mais em casa. Fabricantes brasileiros buscam profissionais para atualizar as peças segundo tendências da moda e atrair compradores externos.

Desenhos funcionais, tecidos high-tech e padronagens em estilos diferentes são algumas das apostas da indústria mundial para esse segmento. O acompanhamento das tendências deixa de ser preocupação exclusiva do vestuário e começa a fazer parte da estratégia do segmento nacional de cama, mesa e banho para ampliar negócios no país e no exterior. As maiores empresas brasileiras do setor estão investindo em profissionais de design e na capacitação do processo produtivo para acompanhar e até ditar estilo, da cortina ao roupão.

Nos dias de hoje, grandes indústrias do mercado nacional desse setor têm interesse em contratar jovens antenados com o que acontece no mundo, não só em relação às tendências estéticas mas também no desenvolvimento tecnológico que essa área vem apresentando.

Como se viu, as opções são diversas. Cabe aos novos profissionais determinar o segmento ao qual querem pertencer. Depois de fazer a escolha, o importante é sempre reciclar as informações por meio da análise da concorrência, pesquisa, leitura de publicações especializadas e cursos.

Raio X da moda

ONDE ESTÃO AS OPORTUNIDADES PROFISSIONAIS?

Quais são as carreiras disponíveis na moda? Que funções são exercidas pelos profissionais que atuam no segmento? Essas são algumas questões que encontram resposta nas próximas páginas. O fato é que, mesmo antes de chegar a elas, é preciso entender que poucos ramos profissionais oferecem tanta variedade de planos de carreira quanto as indústrias têxtil e de moda.

De acordo com a atualização de dados do Perfil do Setor Têxtil e de Confecção, feita em dezembro de 2020 pela Abit, o segmento gera 1,5 milhão de empregos diretos (postos de trabalhos formais). Se incluirmos os empregos indiretos ou informais, esse número pode chegar a 8 milhões.

Para ingressar no segmento de moda, não é necessário diploma na área, mas o mercado está precisando, cada vez mais, de pessoas com preparação e bagagem técnica. A moda paga bem, entretanto exige formação. Antes de encarar cursos de moda de nível superior, é recomendável que o interessado faça uma rápida passagem por cursos de extensão ou de pequena duração, para ter noção dessa área de estudo e possa realmente se definir por ela.

pequena duração, para ter noção dessa área de estudo e possa realmente se definir por ela.

Principais cursos na área de moda no Rio de Janeiro:

- **Serviço Nacional de Aprendizagem Comercial – Senac**: cursos técnicos com enfoque mercadológico em diversas áreas de moda, além de cursos de capacitação e aperfeiçoamento.

- **Serviço Nacional de Aprendizagem Industrial – Senai Cetiqt (Centro de Tecnologia da Indústria Química e Têxtil)**: curso de graduação em design de moda e diferentes cursos de extensão em áreas relacionadas à moda.

- **PUC-Rio**: curso de graduação em Design – Moda (habilitação dentro da graduação de Design) e cursos de extensão em áreas relacionadas à moda.

- **Universidade Veiga de Almeida – UVA**: curso de graduação em design de moda, além de cursos de pós-graduação e extensão em diversas áreas de moda.

- **Universidade Salgado Oliveira – Universo**: curso de graduação em design de moda.

O que se percebe é que a procura por títulos, anteriormente restrita às carreiras mais tradicionais como a engenharia e a medicina, aos poucos, começa a chegar à indústria da moda. Os novos profissionais, de nível superior, representam uma resposta à exigência atual dessa indústria complexa. Hoje, por exemplo, já não é possível operar no ramo do vestuário sem um bom gerente de produto. A sociedade muda, cria exigências e obriga os profissionais a buscarem conhecimentos consistentes.

Por outro lado, é preciso entender que fatores, como o aprimoramento e a especialização da mão de obra, vão criar facilidades para que a indústria brasileira da moda fique em sintonia com os padrões técnicos exigidos pelo mercado e ganhe competitividade em relação a seus concorrentes internacionais, equilibrando gastos e lucros, preço e qualidade.

A seguir, relacionamos algumas das principais oportunidades que o campo da moda oferece na indústria e no varejo. Quem opta por seguir carreira na área deve estar de olho nas chances oferecidas dentro de setores básicos de atuação, que são: equipe de produção, de apoio, de imprensa, da indústria têxtil, de confecção e de design. Vale a pena saber mais sobre cada um desses setores e seus integrantes.

Equipe da indústria têxtil e confecção

Designer ou estilista

O designer, ou estilista, é o profissional que define "a cara" de uma coleção, independentemente do mercado a ser atingido. Ele pode ser empregado de uma empresa ou trabalhar como autônomo. A depender de onde esteja trabalhando, suas ideias vão se inspirar na alta-costura ou no prêt-à-porter e serão desenvolvidas para a produção em pequena escala ou em massa.

Durante o processo de criação, ele leva em conta não só os aspectos artísticos e sociais (sua clientela), mas também a necessidade de atender às tendências de marketing e aos avanços técnicos na indústria, uma vez que, a cada estação, ocorrem mudanças no que se refere a cores, aperfeiçoamento de tecidos, linha de produção, capacidades e preços. Quando trabalha dessa forma, o designer produz novos croquis a cada estação. Os melhores são gerados em protótipos 3D (pilotos) e devem se parecer o máximo possível com o produto final. Antes de seguirem para a produção em massa, os protótipos são apresentados como uma coleção para o coordenador de coleção e os diretores da empresa.

O designer determina os materiais a serem usados em uma coleção, mantendo-se atualizado com as últimas tendências do mercado (cores, materiais e estilos) para cada estação. O melhor caminho para estar em dia com as novidades é pesquisar nas feiras da indústria de vestuário e desfiles, nacionais e internacionais. Vale lembrar que essa pesquisa pode ser feita presencial ou virtualmente.

Comprador

Esse profissional atua em lojas de departamentos, butiques, empresas de compra por catálogo e na indústria têxtil. Comparece com frequência às feiras de moda nacionais e internacionais para ficar por dentro das últimas tendências. Por meio de pesquisa em sites e empresas especializadas, decide quais produtos são adequados para compor uma coleção por completo ou parte dela.

No que depende da estrutura organizacional da empresa, a equipe de estilo é composta de estilistas e compradores. Nesse tipo de estrutura, os estilistas criam peças do zero e os compradores compram peças de fornecedores terceirizados para compor parte da coleção. Os compradores muitas vezes são necessários porque a capacidade de fabricação de determinada marca não engloba todos os tipos de produto. Em uma marca que fabrica roupas, a área de acessórios muitas vezes necessita de um comprador, pois essa empresa não tem capacidade de fabricar sapatos e bolsas. Nesse caso, o comprador entra em contato com fornecedores de tais produtos e encomenda o que se encaixa na coleção planejada pela marca. Esse formato possibilita que a empresa foque na fabricação das peças que ela domina, terceirizando o que não domina. Assim, ela otimiza a sua fabricação com a minimização de erros e custos.

De um comprador exige-se a capacidade de analisar e comparar produtos similares em termos de preço e qualidade e decidir a compra de acordo com os critérios da empresa. Fica a seu encargo a organização de reuniões sobre cores, quantidades e qualidade. É ele quem encomenda as roupas da próxima estação, confirma a data de entrega e responde pelo armazenamento. O comprador deve assegurar-se de que a quantidade de peças seja suficiente para a venda. São de sua total responsabilidade os cálculos financeiros dos itens encomendados e a documentação associada.[1]

---

[1] ABIT Têxtil e Confecção. "Fashion Law: entenda como funciona o direito da moda". Disponível em: https://www.abit.org.br/noticias/fashion-law-entenda-como-funciona-o-direito-da-moda. Acesso em: 2021.

Coordenador de coleção

O coordenador de coleção é o intermediário entre os diretores de uma empresa de moda e a equipe de estilo. É responsável por chefiar os estilistas e os compradores para que as duas equipes criem/comprem os produtos em conjunto. Essa coordenação também inclui a adequação ao orçamento designado pelos diretores para aquela coleção.

Modelista

O modelista atua na área de desenvolvimento da indústria do vestuário. No formato manual, esse profissional tanto interpreta e transforma em moldes de papel os croquis elaborados pelo estilista quanto pode modificar moldes anteriores para que correspondam às novas tendências e estilos. Ao trabalhar lado a lado com o designer, o modelista é responsável pela interpretação apurada dos croquis em corte e linha. É capaz de modificar os moldes do prêt-à-porter, fazendo escalas para alcançar a melhor proporção em cada tamanho.[2]

Essa função pode ser exercida manual ou digitalmente, dependendo dos recursos e/ou tamanho da fábrica ou confecção. A modelagem digital, por sua vez, ocorre por meio dos sistemas de software CAD (Computer-Aided Design/Design Auxiliado por Computador). Com auxílio desse software, o modelista "consegue criar moldes com extrema precisão, altíssima qualidade e em pouco tempo".[3] Essa tecnologia resulta em menor gasto de tempo e dinheiro para desenvolver as modelagens, o que otimiza os resultados e a lucratividade.

---

[2] ABRASCE. Associação Brasileira de Shopping Centers. Contém informações institucionais, dados do setor, notícias e serviços. Disponível em: https://abrasce.com.br/. Acesso em: 2021.

[3] AUDACES. "Como é feita a modelagem digital com a multissolução Audaces 360". Disponível em: https://audaces.com/como-e-feita-a-modelagem-digital-com-a-multissolucao--audaces-360/. Acesso em: 2021.

Costureiro/alfaiate

Esses profissionais costuram as roupas femininas e masculinas em escalas pequenas ou exclusivas, e fazem também pequenos reparos e alterações. Lidam com tecidos de todos os tipos: do natural feito à mão, às peles, couro, lã e seda. Há o costureiro/alfaiate interno, que é funcionário da marca, e há o autônomo, que trabalha em pequenas fábricas (facções) ou até mesmo de casa. Os autônomos recebem por lote de peças costuradas, ao passo que os internos recebem salários da empresa em que trabalham. O papel do costureiro/alfaiate inclui o corte exato e o caimento perfeito da peça.

Pilotista

Esse tipo de profissional, que pode ser considerado um costureiro mais graduado, é responsável por produzir em fichas técnicas o primeiro exemplar (peça-piloto) das peças de uma coleção. Para exercer essa função, o pilotista precisa ter grande domínio da técnica, pois é com a peça-piloto que o estilista/designer vai ter em mãos a sua criação "ao vivo". Por ela, os ajustes necessários serão feitos até que a peça esteja perfeita para ser usada como exemplo para a produção das grades.

Profissional de desenvolvimento de produto

O departamento de desenvolvimento de produto varia muito de uma empresa para outra e de um setor para outro. Em algumas organizações, esse departamento é considerado responsabilidade do pessoal da pesquisa técnica; em outras, representa um componente importante do programa de marketing.

Independentemente da posição dessa atividade no organograma da empresa, alguns passos básicos servem de orientação para desenvolver e lançar um produto:

- decisão sobre a ideia de um novo produto;
- avaliação preliminar das oportunidades que ele representa;
- estudo detalhado do mercado;
- decisão de lançá-lo;

- desenvolvimento;
- verificação da aceitação do cliente ou consumidor.

O desenvolvimento de um produto, seja ele ou não da linha de produção, exige o emprego de métodos de pesquisa semelhantes aos utilizados para melhorar um produto existente. A maior diferença é que o desenvolvimento de um produto envolve discussão de problemas, incluindo os que se referem à modificação de um produto que já havia sido fabricado.

Executivo de marketing

Direciona o planejamento e a introdução do novo produto ou serviço no mercado. Além da estratégia de marketing e a organização da logística de distribuição, ele também planeja a divulgação da coleção e de produtos específicos. O profissional de marketing que trabalha em uma empresa de menor porte é responsável por um número maior de produtos. Esse profissional utiliza o conhecimento que tem sobre o produto para fazer cálculos de custos, estabelecer o público-alvo e analisar a tendência do mercado, desenvolvendo, assim, a estratégia de marketing e colocando o produto na mídia.

Profissional de mídias sociais

"Blog de moda" foi um dos primeiros espaços em que se viu a interação direta entre "a rede" e a moda. Essa relação tomou corpo e credibilidade conforme as mídias sociais ganharam espaço como forma de divulgação, vendas, distribuição de conteúdo e fortalecimento do branding de uma marca. A relação moda x mídias sociais se consolidou rapidamente se analisarmos a importância que esse meio de comunicação tomou na geração de conteúdo de moda.

Para dar suporte a esse segmento de comunicação, o profissional de mídias sociais gera conteúdos que não só vendem produtos como também engajam seus *viewers* em atividades, campanhas sociais, pesquisas, cursos e qualquer outro conteúdo que faça com que o consumidor se torne cada vez mais fiel e próximo do universo da marca.

Técnico têxtil

Executa várias atividades em diferentes departamentos da indústria têxtil. Está envolvido na tecnologia de produção e administração, assim como no planejamento e gerenciamento. Durante o desenvolvimento de uma nova coleção, ele ajuda a selecionar os materiais a serem usados, dos quais depende a qualidade do produto em termos de durabilidade, cuidado e acabamento. Em consequência, esse profissional tem papel decisivo no desenvolvimento de novos produtos. Com peças-piloto, faz constantemente o controle de qualidade. É responsável pela padronização do artigo acabado e, por meio do computador, pela organização de assistência técnica, maquinário, materiais e tempo envolvido no processo de fabricação.

Engenheiro químico-têxtil

Desenvolve corantes e cria receitas, compondo e retratando as tendências da moda vigentes na época, com auxílio de cores e beneficiamentos têxteis.

Gerente de produto

Na adoção do sistema de planejamento, está implícita a convicção de que em gerência de moda não basta ter "intuição", é preciso também capacidade para escolher um modo racional de agir. As decisões e as providências tomadas pelas pessoas de negócios baseiam-se em determinadas ideias a respeito da espécie de empresa que dirigem, do mercado em que operam, dos recursos à sua disposição e da influência de sua conduta sobre a empresa e as pessoas de fora.

Na adoção do sistema de planejamento, está implícita a convicção de que em gerência de moda não basta ter "intuição", é preciso também capacidade para escolher um modo racional de agir.

No raciocínio, nas resoluções e nos atos de um gerente estão sempre presentes seus objetivos, suas suposições e os riscos do negócio. Embora tais fatores nem sempre estejam bem claros em sua mente, ele tem de agir em conformidade com algumas ideias relativas à natureza de sua empresa: ambiente, recursos e possibilidades dentro do mercado. Seja qual for a importância que a intuição e a prática de negócios possam ter, as decisões e as providências relacionadas à empresa devem ser racionais. Os maiores propósitos da utilização do plano empresarial são evidenciar e aguçar a capacidade de raciocínio.

O plano empresarial é o preparativo da ação. Implica a tomada de decisões e a programação de resultados, e esta leva em conta o vulto das questões a serem resolvidas. Tais questões podem, por exemplo, demonstrar que os resultados que precisam ser alcançados imediatamente exigirão anos de preparação. A programação cuidadosa aumenta a possibilidade de a empresa tomar boas decisões. Sem ela, os planos correm o risco de não passar de sonhos. A programação depende de respostas rápidas. Mediante vinculação entre negócios pretendidos, prazos e resultados previstos, podem-se elaborar planos administrativos que, postos em prática de modo inteligente, ajudam a manter e a aumentar o valor de uma empresa para a sociedade da qual faz parte.

Equipe de comercialização

Assistente de vendas ou vendedor

Trabalha nas lojas, no atendimento ao cliente, mostrando os produtos novos ou ofertas e dando dicas de moda. Em cada setor da indústria da moda há assuntos específicos sobre os quais o vendedor ou a vendedora deve informar-se, por iniciativa própria, com seus empregadores ou em programas de treinamento. Esses programas garantem um ótimo serviço de atendimento ao cliente. Outras de suas tarefas são organizar a loja e receber mercadorias e pagamentos, como também cuidar do armazenamento e das embalagens.

Gerente de loja

É responsável pelas vendas, pelo controle de despesas, pela exibição da mercadoria e pelo atendimento aos clientes. Lidera a equipe de vendas.

Consultor de estilo ou personal stylist

Direciona, com olhar apurado, questões relacionadas às necessidades específicas de seus clientes. Análises cromáticas, de estilo e personalidade orientam sobre como e quando usar determinadas roupas. Ensinam a ordenar a arrumação de malas e armários, ajudam a comprar peças novas e dão dicas de moda. O consultor não comercializa roupas; estuda seu cliente e, como produto final, entrega um relatório com dicas visuais que incluem tons de maquiagem, *looks* que harmonizam melhor com o estilo e a silhueta do contratante.

Vitrinista ou visual merchandiser

O vitrinista ou VM, como costuma ser chamado nos dias de hoje, ajuda a construir a imagem interna da loja. Com recursos cenográficos ou com um simples layout bem definido, ele apresenta a mercadoria em sintonia com os temas da moda, com a "proposta" da roupa e a filosofia da empresa. O estudo para a organização interna das lojas também precisa apresentar soluções comerciais para vender itens específicos das coleções.

Designer de showroom digital

Com muitos aspectos da venda se tornando digital, surgiu um novo formato para o atacado. O aumento e a profissionalização do e-commerce tornaram os showrooms digitais uma boa alternativa para diminuir custos em momentos de crise. Esse formato se apresentou como uma solução inteligente para o B2B fazer com que marcas chegassem aos seus compradores sem a necessidade de deslocamento físico.

Mesmo que de modo virtual, esses showrooms precisam falar a linguagem da marca e da coleção. Precisam ter em seu espaço digital as mesmas ferramentas estéticas do branding que compõem o storytelling da coleção e da grife em questão.

O designer de showroom digital surgiu da necessidade de construir espaços de compras e vendas online que ofereçam aos compradores profissionais experiências interativas que se equiparem às experiências físicas.

Sacoleiro

Sacoleiros ganham cada vez mais espaço no concorrido ramo de confecções. O vendedor ambulante atua em um tipo de comércio totalmente informal, mas que tem impacto direto nos canais de distribuição de roupas. O sacoleiro adquire apenas produtos prontos para vender. Entre suas características está o profundo conhecimento de sua clientela. Em geral, depois do primeiro contato com o cliente, o vendedor logo passa a oferecer a peça adequada ao estilo e ao gosto da pessoa.

Essa é uma espécie de serviço personalizado que as lojas, de modo geral, não conseguem oferecer. O profissional conta com a vantagem da flexibilidade de seu horário de trabalho, que pode ser ajustado de acordo com a disponibilidade da clientela. Em suas sacolas, ele carrega diversos estilos de roupas, das esportivas às mais refinadas para festas, além de acessórios, como lenços e bijuterias.

Advogado de moda/fashion lawyer

O Direito da Moda surgiu em 2006 na Fordham University, em Nova York. Desde então, o tema tem sido discutido e grupos têm se organizado para estudar mais a fundo essa demanda crescente do mercado de moda. Como ainda não há uma legislação própria, é considerado especialização do curso de Direito.

O advogado de moda tem como função resguardar as empresas e os profissionais do segmento em relação principalmente à proteção de suas criações (produtos de moda são pirateados há anos sem qualquer tipo de barreira) e a questões jurídicas conhecidas de outros ramos, como as tributárias e societárias. Com o aumento da preocupação em relação à sustentabilidade e ao comércio justo nesse mercado, questões ambientais, trabalho infantil e condições de trabalho análogos à escravidão foram inseridos no "guarda-chuva" de temas trabalhados por esses profissionais.

Essa é uma especialização muito nova no mercado, mas bem necessária. Caso se leve em consideração o pioneirismo do tema, torna-se uma área em expansão e com muitas oportunidades de trabalho.[4]

Equipe de design

Em todas as épocas, o desenho apresenta identidade com o seu tempo, retratando a realidade observada. É do século XVIII a primeira desenhista de moda de que se tem notícia: Rose Bertin, mais conhecida como Mme. Bertin, que vestia a Rainha Maria Antonieta no estilo da época, conhecido como rococó — extravagante, exagerado, rebuscado. Era uma espécie de ministra da moda, título que ela outorgava a si, mas que não se sabe ao certo se correspondia ao seu imaginário ou à realidade.

> *Sob o ponto de vista de um designer industrial, a aparência de um produto pode parecer a única razão de seu atrativo de compra.*
>
> No entanto, as vendas, a engenharia, a fabricação e a qualidade são fatores tão importantes quanto, e a correta conjugação desses elementos, adequadamente dosados, é que torna um produto perfeito.

O produto perfeito é aquele que conquista a maior porcentagem das vendas do ramo e proporciona um bom lucro ao fabricante.

Portanto, de início, o objetivo principal do designer é agregar valor a determinado gênero. Logo em seguida, porém, é preciso que o profissional dessa área seja sensível o bastante para entender a importância de sua atividade dentro do conjunto de produção, procurando adequar-se à definição proposta pelo Illinois Institute of Technology, dos Estados Unidos, segundo o qual o design é "a arte e a ciência de aumentar a beleza e o valor dos artigos produzidos em massa".

---

[4] ABIT Têxtil e Confecção. "Fashion Law: entenda como funciona o direito da moda". Disponível em: https://www.abit.org.br/noticias/fashion-law-entenda-como-funciona-o-direito-da-moda. Acesso em: 2021.

Designer de tecelagem

Considerado um difusor da tecnologia adequado ao parque têxtil, da pequena à grande indústria, atua especificamente na tecelagem, elaborando tecidos cuja produção é destinada ao mercado interno ou externo. Analisa possibilidades de artigos, suas exigências diferenciadas e a qualidade resultante de diversos tipos de ligamentos, sendo responsável por áreas que vão da análise de aspectos do fio até a própria construção dos ligamentos.

É imperativo entender o que é construção de ligamentos e verificar seus resultados por meio de pesquisa e desenvolvimento de novas padronagens, fios e efeitos, a fim de produzir tecidos melhores, no mais alto nível de qualidade e criatividade. Os bons designers mantêm-se atualizados sobre tudo o que diz respeito aos aspectos da arte e da indústria, lançando mão de publicações, visitas a áreas de produção, cursos técnicos e seminários, por exemplo. Informam-se sobre novas técnicas, materiais, acabamentos e processos tão logo estes surgem no horizonte. Acompanham com atenção todas as tendências nos campos correlatos da arquitetura, das belas-artes e do artesanato – e, falando em tendências, eles mesmos dão origem a muitas delas.

O consumidor não é atraído apenas pelo preço, pela tecnologia, pela embalagem ou pela qualidade: em primeira instância, ele é atraído pelo design e, depois, pelos outros fatores. Portanto, não adianta haver somente o controle do processo de obtenção de produtos melhores sem associar a todo o processo o trabalho do designer. Esse profissional funciona como um dinamizador, interliga vários setores da empresa, fazendo com que esta busque melhores opções e decisões. É ele que deve procurar fora da empresa as respostas mais adequadas para as dúvidas no processo de produção e as melhores alternativas para atender os clientes de seu cliente.

Designer têxtil

Cria desenhos para a estamparia, tramas ou padrões para malharia e trabalha na decoração de interiores (tecidos para mobília, carpetes, cortinas e papéis de parede). O trabalho combina criatividade com conhecimento técnico têxtil. Designers têxteis com frequência desenvolvem suas estampas e seus desenhos técnicos por meio do CAD. Uma vez completada a estampa, a etapa seguinte é definir as especificações da produção: o tipo de fio, fibras e tingimentos, cartela de cores, tipo de tramas, estampas propostas e possíveis refinamentos na produção.

Designer gráfico

A troca de dados e informações é uma parte vital do mercado da moda. Com a ajuda do design gráfico, as mensagens dos textos e fotos podem ser apresentadas em revistas de moda, catálogos e propagandas. Seu trabalho estende-se dos conceitos iniciais de um novo projeto à produção final de arte. Lápis e papel deram lugar aos computadores, mas, no caso dos artistas gráficos, ainda há o desenho e as habilidades de pintura e fotografia, com as quais pode relatar as considerações psicológicas e sociais. Cores, formas e símbolos são usados de maneira estratégica para expressar essas interpretações no conceito geral de design. O designer gráfico deve ter senso estético e sensibilidade para analisar corretamente as tendências e ser capaz de transmiti-las. A grande variedade de projetos o obriga a estar em sintonia com as últimas tendências da moda e com as flutuações do mercado. As feiras de moda internacionais e desfiles são inestimáveis para fazer contatos e manter-se informado sobre os últimos desenvolvimentos na indústria.

Equipe de produção de moda e divulgação

Modelos

Quem se candidata a modelo deve ter o perfil de determinada marca ou ser um tipo específico, adequado a certa coleção. É necessário que essa pessoa tenha a "cara do momento". O modelo é o "cabide" ou o "suporte vivo" que apresenta a roupa para o público interessado.

Beauty artist

É a nova denominação do universo fashion para maquiadores e cabeleireiros. São os artistas da beleza que vão além da cosmética e do simples penteado para materializar as imagens criadas pelo estilista e por seu stylist. O beauty artist faz testes de cabelo e maquiagem antes do desfile, fotos ou vídeos para, assim, desenvolver o planejamento de como será o conceito de maquiagem do trabalho proposto.

Agência de beleza

Escritório responsável por agenciar os profissionais de maquiagem e cabelo. O cliente (dono da marca, por exemplo) entra em contato com a agência de beleza e informa o tipo de profissional de que precisa para fazer parte da equipe de produção. Esse cliente também pode pedir um profissional específico que já seja famoso ou que já tenha trabalhado anteriormente. Daí em diante, a agência de beleza apresenta as opções de seu casting, seus valores e datas disponíveis na agenda. Uma vez que esses detalhes estejam certos, um contrato é firmado entre as partes e no dia acertado o profissional de beleza estará no local marcado para exercer a sua função.

Stylist

A atividade de stylist representa um avanço ou uma versão mais especializada do editor de moda. É ele quem define, junto ao estilista, a imagem que vai ser divulgada nas passarelas, nos editoriais de moda ou fashion films, sobretudo em marcas mais comerciais. O stylist é quem dá o fio condutor da coleção. Ele analisa a coleção, discute o tema e apresenta uma pesquisa de imagem para compor o storytelling proposto para a campanha.

Produtor de moda

Atua como o braço direito do stylist ou do fotógrafo de moda, trocando ideias, não como aquele que apenas busca roupas. Colabora no desenvolvimento do tema do desfile, pesquisa materiais para usar na apresentação e participa dos castings (escolha dos modelos). O produtor é quem realiza o que foi definido pelo stylist e pelo estilista, e torna o sonho deles viável. Com o desenvolvimento do e-commerce, muitos produtores de moda estão sendo contratados para editar *looks* que serão postados como conteúdo de mídias sociais em que as marcas estão presentes.

Figurinista

Elabora a vestimenta necessária para compor o conceito visual em diversos tipos de projetos. Concebe peças de roupas novas por meio de pesquisa, produzindo fantasias e trajes especiais de época ou contemporâneos. Há também o figurinista de jornalismo que trabalha com o que há disponível no mercado e exerce uma função muito parecida com a de produtor de moda, uma vez que ele pega emprestado nas lojas o figurino a ser adotado pelo apresentador.

Scouter e produtor de casting

Profissional que acompanha todas as etapas da seleção de modelos com as agências, produtores e stylists das marcas. Buscam constantemente novos rostos para incluir na seleção de modelos que fazem parte dos seus castings. Eles têm o olhar apurado para encontrar pessoas que se destaquem do comum de alguma forma, seja pela beleza, seja pelo corpo ou característica marcante.

Booker ou agente

Dentro das agências, é o booker quem cuida dos modelos, selecionando os trabalhos mais adequados às suas características, negociando cachês, definindo agendas (encontro com os clientes) e castings.

Coordenador de camarim

É o profissional que cuida dos camarins dos desfiles, de sets de foto e filmagem. Pode ser o próprio produtor de moda. Supre as necessidades operacionais, supervisionando ainda as tarefas de organização e limpeza. É responsável pelo bom andamento do trabalho, como a exposição do catering, passadoria das roupas e organização das entradas dos modelos nos desfiles ou fotos na hora certa.

Relações públicas

Atua como intermediário entre a marca e o pessoal de marketing; lida com produtores, editores, stylists, influencers, meios de comunicação e agências de publicidade. Em desfiles, cuida da distribuição dos convites e participa da elaboração do mapa de assentos dos convidados na plateia. Em campanhas de lançamento de coleção, divulga as imagens nos meios de comunicação em que se tem abertura. Para isso, conta com uma poderosa lista de contatos.

O "relações públicas" também é responsável pela imagem da marca (por quem foi contratado) no mercado. Ele precisa sempre defendê-la em situações adversas. Por exemplo, caso alguma celebridade que esteja diretamente ligada à marca por questões publicitárias se meta em confusão ou cometa uma gafe em público, o "relações públicas" entra em ação se desculpando e tentando desfazer a má impressão causada.

DJ

Não é raro termos DJs de pistas de dança para criarem trilhas em desfiles e eventos de lançamento de coleção. Como diretor musical, o DJ busca o repertório necessário para enriquecer o clima desejado no ambiente do evento. Ele pode ser contratado para estar presente no evento ou mixar uma trilha que será tocada na hora do desfile.

Assessor de imprensa

Em desfiles, acompanha os jornalistas até os seus lugares para ver o desfile. É um verdadeiro "soldado" da informação: leva recados de um lado para o outro, responde a perguntas, distribui releases e kits, trabalha em rede, confere tudo nas suas listas de convidados, sempre munido de enorme disposição e bom humor para enfrentar o jogo de cadeiras e egos.

De acordo com ofício estabelecido no Brasil pelo Governo Getulio Vargas, em pleno Estado Novo, por meio do Decreto 3.371, de 1938, a assessoria de imprensa é uma prestação de serviço responsável por colocar o produto na mídia. Planejada para servir de canal entre seus clientes e a imprensa (jornais, revistas, TV e internet), deve ter livre acesso aos diversos segmentos da mídia, além de procurar sempre identificar, como dizem alguns assessores, "algo a mais" ou "um diferencial" na coleção.

Hoje em dia, algumas assessorias de imprensa que trabalham com clientes de moda mantêm em seus escritórios peças de mostruário das marcas para emprestar aos produtores de moda, que poderão divulgá-las em editoriais, publicidade, programas de televisão e festas, entre outros.

Para isso, o profissional precisa conhecer muito bem o universo do cliente, saber traduzir a informação para a imprensa em tempo certo, criando esse *plus*, um detalhe que destaque a coleção e sirva de gancho para matérias jornalísticas. É preciso saber trabalhar com informação quando se desempenha esse ofício, que envolve ainda dispor de uma boa rede de relacionamentos.

Assessoria de imprensa oficial

Quando há um evento de grande porte como as grandes semanas de moda, seus organizadores contam com uma assessoria oficial, que destaca um produtor-executivo para assuntos de mídia e um responsável pela sala de imprensa. É de sua responsabilidade o envio, à imprensa, de calendários, teasers, notificações ou alterações de datas e horários, como confirmação de presença para almoços. Cabe-lhe também organizar entrevistas coletivas e fazer a mediação entre as outras assessorias, que se reúnem na sala de imprensa, ponto de encontro dos jornalistas. Nessa sala, encontram-se modernos equipamentos que propiciam aos jornalistas convidados enviar, todos os dias, para seus veículos, informações dos desfiles, palestras e demais acontecimentos.

Jornalista de moda

Para trabalhar na seção de moda de um jornal, revista ou televisão, esse profissional, antes de tudo, precisa reunir informações sobre a indústria da moda. Depois de escolher o tema, ele define o título, com outros repórteres e correspondentes que contribuem com pesquisas e fotos. Cabe a ele editar todos os artigos que são impressos ou veiculados nas colunas especializadas em moda e encarregar-se do treinamento dos estagiários.

O jornalista de moda deve manter contato direto com essa indústria para obter informações dos designers, dos profissionais de marketing e das agências. Além disso, frequenta feiras nacionais e internacionais do setor para se informar sobre tendências.

Fotógrafo de moda

A maioria dos fotógrafos de moda desenvolve atividade autônoma e trabalha em projetos para ateliês, revistas, sites, jornais, catálogos, desfiles e agências de publicidade. Esse profissional consegue trabalhos por intermédio de seus contatos, mas também pode ser contratado por agências de fotografia ou de seu agente particular.

Por um lado, sua meta é capturar a moda atual com a melhor luz; por outro, deve criar uma imagem do produto com talento artístico e criativo, combinando-o com habilidades técnicas fotográficas. Muitas vezes, é o próprio fotógrafo de moda que escolhe os modelos. Em outras épocas, os fotógrafos de moda usavam filmes com negativos. Depois, evoluíram para cartuchos de máquinas digitais com grande capacidade de armazenamento. Com o avanço tecnológico, hoje, as imagens digitais são transferidas diretamente das máquinas para seus notebooks, que, por sua vez, são enviadas por meio digital para os clientes. Esse novo formato barateou e agilizou o trabalho, pois possibilitou a escolha e edição das fotos sem precisar revelá-las. É muito comum a manipulação/edição das fotos para aprimorar luz, brilho e outras imperfeições da imagem ou mesmo do modelo. Ainda há fotógrafos que trabalham com o método antigo, mas a falta de agilidade e o custo alto estão tornando a prática, dentro do mercado de moda, cada vez menos viável.

Camareira

Poucos profissionais são mais importantes que a camareira, sobretudo na confusão dos bastidores, na hora que os modelos fazem a troca de roupa para entrar novamente na passarela ou no estúdio. Ela acompanha as provas de roupa dos modelos e confere os cartões de identificação com as descrições de cada *look*, pendurados nas peças de roupa. Nas trocas de *look*, auxilia a vestir os modelos com o restante da equipe.

Passadeira

Passa as peças de toda a coleção antes do desfile ou da foto, para que as roupas estejam impecáveis e possam mostrar todos os detalhes na sua plenitude.

A MODA COMO UM BOM NEGÓCIO

A história dos mercados

As civilizações desenvolveram-se com base nos valores da troca e de diferentes economias de mercado. A economia de mercado primitiva regulava a oferta e a procura dentro de um grupo restrito: as pessoas consumiam o que era produzido em sua comunidade ou na comunidade vizinha.

Em algumas civilizações antigas, trabalhar era uma atividade indigna, quase um pecado. Assim, na prática, os mercados não existiam, eram apenas ornamentos da economia.

Em todas as sociedades havia mercados, nos quais se ofereciam especiarias, ouro, escravos, objetos de cerâmica e gêneros alimentícios. Mas quando olhamos para a Ásia e a África antigas, ou para o Império Egípcio ou Romano, não vemos nada semelhante a uma grande teia de transações. A maior parte da produção e da distribuição ocorria segundo os ditames da tradição ou sob as ordens de um senhor local. Apenas as pequenas sobras fluíam para as barracas dos mercados. Mais importante que isso: não havia nenhum mercado para compra e venda de terra, para contratação de trabalho ou para empréstimo de capital. Os mercados eram ornamentos da economia. Ganhar dinheiro não era bem-visto. As pessoas ambiciosas, pertencentes às esferas mais altas, procuravam fama e fortuna em explorações militares, no governo, no serviço da Corte ou nas hierarquias da religião. A atividade de ganhar dinheiro era considerada indigna de uma pessoa de sangue nobre; na realidade, na cristandade, constituía uma ocupação até certo ponto próxima do pecado. De fato, a usura – emprestar dinheiro a juros – era um pecado e mortal, ainda por cima.

Como consequência, a riqueza da sociedade não era dos ricos. Estava nas mãos dos poderosos – os vencedores na luta por exércitos e territórios. Sem dúvida, os vencedores também eram ricos; mas os ricos eram ricos, em grande parte, porque tinham alcançado poder.

A vida econômica era estável, ainda que assim não parecesse aos olhos dos camponeses e mercadores, sempre atormentados por guerras, fome, tributação pesada e insegurança generalizada. Mas era muito estável se comparada com os fatores que costumam alterar a existência em nossa época. Os ritmos e as técnicas básicas da vida econômica eram uniformes e repetitivos. Homens e mulheres semeavam e colhiam usando os mesmos tipos de arados e ceifadeiras; os tecelões fiavam e teciam utilizando, basicamente, os mesmos teares por décadas, gerações e séculos a fio. É claro que houve alguma mudança, mas foram modificações tão pequenas, e ao longo de tantos anos, que fica fácil compreender a expressiva transformação que viria a ocorrer no próximo ato da história, quando o capitalismo entraria em cena.

O surgimento gradativo do sistema de pacotes (divididos em grandes peças) para operações de montagem possibilitou a introdução de técnicas de produção em massa.

A indústria da confecção experimentou uma inovação: do modo de produção manual passou, aos poucos, para a confecção industrializada.

Essa indústria torna operacionais as séries em grande escala. Todas as operações são racionalizadas, e a isso chamamos "divisão de trabalho".

Na década de 1930, iniciou-se a era do sistema. Vários sistemas aperfeiçoaram o trabalho em si, o fornecimento de serviços e o controle de processamento de trabalho, o que culminou em um aumento de eficiência e produtividade.

No período de 1940 a 1950, as fábricas começaram a adotar métodos científicos nas tarefas: surgia a era da engenharia industrial.

Aperfeiçoaram-se estudos de tempos, layouts, postos de serviço, cronogramas e controles de equipamentos.

Em 1950, com o advento da pesquisa de produção, teve início a era dos dispositivos mecânicos.

Mais tarde, com base na assimilação de toda a experiência acumulada na Europa e nos Estados Unidos, passamos, no Brasil, ao que podemos chamar de "fenômeno do progresso acelerado", saltando de um estágio de desenvolvimento ocorrido em décadas para outro que aconteceu em poucos meses.

No século XIX, o surgimento da máquina e as convulsões econômicas e sociais provocadas pelo início da era industrial quase levaram ao desaparecimento definitivo do artesanato e de sua sabedoria milenar, transmitidos de século em século. Mas as atividades individuais e manuais definitivamente não foram condenadas pela mecanização cada vez maior da era pós-industrial. Pelo contrário, surge na nova sociedade uma interação inovadora entre as tecnologias de ponta e os conhecimentos artesanais.

O desafio que se antepõe aos novos tempos é o de integrar o aspecto tribal e primitivo do comércio ambulante de ideias às inúmeras possibilidades dos sistemas informáticos.

Como definir o negócio

Fazer negócio consiste em agenciar, fazer transação comercial de qualquer espécie, em qualquer tempo. Pode-se negociar tudo. Os negócios existem desde a época dos fenícios, e, ainda que se realizassem em dimensões menores, sempre tiveram a visão de se instalar, comprar e vender algo.

Moda e negócios nos dias de hoje

Em uma época de grandes transformações geradas pela crescente internacionalização decorrente da globalização da economia e dos mercados, é importante uma análise das condições segundo as quais a moda se estrutura e se organiza para atingir seus objetivos de vendas e expansão. A seguir, expomos uma análise de como são geridos os negócios por meio dos canais de distribuição/vendas, responsáveis pelo deslocamento dos produtos das fábricas até o consumidor final.

Para que o produto certo chegue ao consumidor final certo, na hora certa, a pesquisa de mercado se torna uma ferramenta indispensável, já que é por meio dela que uma empresa tem visão ampla de como, quando, onde e para quem ela deve investir. Esse tipo de estudo é responsável ainda pelo entendimento de quem é a concorrência e qualquer outro aspecto que possa afetar as vendas.

Ao pesquisar qual canal de vendas é o mais apropriado para uma marca, é necessário saber qual faz mais sentido para o seu público-alvo. Com as vendas online, esses canais se multiplicaram e se tornou quase uma regra ter ao mesmo tempo canais de venda online e offline para atingir de forma global seu consumidor. Muitas vezes, porém, a marca opta por ter seu canal de vendas apenas online.

Os avanços tecnológicos, a abertura de mercado e a criação de novos canais de distribuição e vendas movimentam os negócios de moda. A seguir, os mais conhecidos.

Lojas de departamentos

Ampliaram e maximizaram suas áreas para a venda de confecção. Nesses locais, há programação visual diferenciada, valorização e segmentação de produtos por categorias como sexo, faixa etária, roupa íntima e roupas para práticas esportivas. Outra forte tendência em crescimento nas grandes organizações é a consolidação de marcas próprias para os produtos que comercializam, o que pode vir a representar uma associação importante e duradoura para os fabricantes de confecção.

O fornecimento de peças de qualidade, em volume considerável e com preço final atraente para o consumidor, tem-se revelado uma ótima diferenciação para as lojas de departamentos. Essa estratégia pode ser a fórmula que garantirá o funcionamento da estrutura básica da confecção, proporcionando a tranquilidade administrativa necessária para trabalhar estrategicamente marcas de maior prestígio.

Uma prática que começou no exterior e que tem feito sucesso por aqui é o lançamento de coleções cápsulas de nomes ou marcas conhecidas com lojas de departamentos como Calvin Klein para C&A e Karl Lagerfeld para Riachuelo.

Lojas de departamentos de moda internacionais

Nordstrom: www.nordstrom.com

- JC Penney: www.jcpenney.com
- Macy's: www.macys.com
- Marks & Spencer: www.marksandspencer.com
- Neiman Marcus: www.neimanmarcus.com

Lojas de departamentos de moda nacionais

- Riachuelo: https://www.riachuelo.com.br/
- Renner: https://www.lojasrenner.com.br/
- Marisa: https://www.marisa.com.br/

Lojas de produtos diferenciados

- The Body Shop: www.thebodyshop.co.uk
- Disney Store: www.disneystore.com
- Top Shop: www.topshop.com
- Gap: www.gap.com
- Nike: www.nike.com

Shopping centers

O crescimento do número de shopping centers no Brasil representa um aumento substancial na quantidade dos canais de distribuição para o segmento de confecção. Isso se dá em virtude do próprio percentual de lojas direcionadas à venda desses produtos – maioria absoluta em quase todos os shoppings convencionais.

Em 2020, a Associação Brasileira de Shopping Centers (Abrasce) contava com 601 shoppings, que reuniam quase 111 mil lojas em mais de 16 milhões de m^2 de área bruta locável. Os shoppings brasileiros, por onde circulam ao mês mais de 340 milhões de pessoas, geram 998 milhões de empregos para o setor. Trata-se, portanto, de um negócio em larga expansão, que deve animar os empresários confeccionistas. Conforme dados do site da Abrasce, o conjunto dos shoppings em operação na região Sudeste representa 52% do número total de shoppings no Brasil.[5]

Pontas de estoque

São lojas que vendem peças com defeito (na maioria dos casos, imperceptíveis), amostras, sobras, devoluções e excesso de produção, que vêm das fábricas ou mesmo das lojas em que estavam expostas. Servem para escoar peças desse tipo e liberar espaço nas lojas para as novas coleções. Normalmente, essas peças já foram pagas aos fornecedores, então qualquer verba gerada pela sua venda, mesmo que com margem de lucro reduzida, é considerada um ganho para a empresa.

Lojas de rua

No Rio de Janeiro, há dois perfis de lojas de rua que comercializam moda: o Saara, mais conhecido como "o paraíso do barato", e as sofisticadas lojas de Ipanema e do Leblon.

O custo de manutenção de uma loja de rua costuma ser cerca de 50% inferior ao de uma loja de shopping center. Esse comércio, hoje, atende os consumidores de todas as classes sociais. Os lojistas de rua têm a seu favor a possibilidade de praticar preços menores e os consumidores ainda os consultam primeiro, por isso são considerados fortes nichos de varejo, sobretudo para consumo de bairro.

Por exemplo, no Saara, área de comércio no Centro do Rio de Janeiro, ou na 25 de março, em São Paulo, concentram-se lojas de aviamentos e de vendas de roupas em geral. Esses locais são reconhecidos como "o paraíso do barato". Ao mesmo tempo, Ipanema e

---

[5] ABRASCE. Contém informações institucionais, dados do setor, notícias e serviços. Disponível em: https://abrasce.com.br/. Acesso em: 2021.

Leblon, bairros da Zona Sul da cidade do Rio de Janeiro, são sinô-
nimos de sofisticação: berços das tendências de moda carioca, que
definem o bom gosto da elite local.

Desfiles

Muitos não pensam nas semanas de moda como canais de venda
óbvios, mas por trás de todo o espetáculo produzido para as apre-
sentações das novas coleções está a visualização dos produtos que
as marcas prepararam para serem vendidos aos seus consumidores finais. A plateia é composta de um grupo plural que têm desde
estudantes de moda (interessados em ver o espetáculo e conhecer
as novas tendências) a editores de moda (que colocarão as peças
nas mídias especializadas), influencers (que postarão em seus canais de mídia social, como conteúdo, os *looks* que mais se adaptam
aos seus seguidores), produtores de moda e stylists (que usarão as
peças desfiladas em seus editoriais) e compradores de multimarcas
(nos desfiles fazem uma pré-seleção do que comprarão para compor o mix de produtos de suas lojas).

Os anos 1990 entraram para a história econômica nacional como
a década de nascimento dos grandes eventos de moda no Brasil,
entre os quais a Semana Leslie de Estilo, em 1992, no Rio de Janeiro,
e o Morumbi Fashion, em 1996, em São Paulo.

Eventos desse tipo são responsáveis por forçar um direcionamento
no segmento da moda. A cadeia têxtil programa a sua produção
em função dos lançamentos de coleções sazonais, fazendo com que
suas engrenagens e elos trabalhem em sintonia durante todo o
processo: da matéria-prima, fiações, tecelagens e fornecedores aos
lojistas e compradores. Da fibra até chegar à roupa pronta, o processo têxtil compreende, no tocante ao material, as fases de fiação,
tecelagem, beneficiamento e estamparia, e, no que se refere aos
modelos, as etapas de corte, montagem e acabamento.

A roupa – entendida como produto – é um objeto de consumo que
leva dois anos para ficar pronto, começando como fibra têxtil até,
finalmente, chegar à loja em que é vendida.

Para que o desfile aconteça em sua plena potencialidade e os negócios se realizem, uma ampla rede de mão de obra especializada aplica criação e técnica para concretizar a transformação da moda em "Moda", de fato.

> **O desfile é a ponta final da cadeia que coloca a moda em circulação na mídia e no mercado.**
>
> Esse tipo de evento ajuda a estabelecer um cronograma de produção que reúne informação de toda a engrenagem da cadeia produtiva.

No momento, a maior semana de moda da América Latina, e 5ª maior do mundo, é a São Paulo Fashion Week. Grandes grifes brasileiras lançam as suas coleções nesse evento que acontece duas vezes ao ano.

Como não poderia deixar de acontecer, a tecnologia também atingiu esse setor do mercado de moda. Como alternativa para essas exibições muitas vezes de gastos astronômicos, os fashion films e desfiles virtuais se tornaram formatos cada vez mais adotados para lançamento de coleções tanto por pequenas grifes como pelas mais tradicionais, como Dior.

Esse novo formato de apresentação foi a salvação para muitas grifes durante o lockdown gerado pela pandemia da covid-19. Como todas as semanas de moda do mundo tiveram de parar, foi a alternativa encontrada para que as grifes, das mais importantes às menos conhecidas, apresentassem suas coleções sem a necessidade da presença de plateias. De certa forma, essa alternativa se tornou mais um formato possível de apresentar coleções e fomentou uma área do mercado visual pouco explorada anteriormente. Por ocasião dos excelentes trabalhos apresentados, essa prática tem se mantido mesmo com o retorno das semanas de moda presenciais.

Venda por catálogo

 A primeira empresa a vender por catálogo no Brasil foi a Hermes, em 1942.

Hoje são mais de 300 mil itens comercializados diariamente para mais de 10 milhões de clientes em todo o país.

É o sistema de venda por correspondência via catálogo físico ou virtual. No Brasil, Hermes, Avon, DeMillus e Natura, entre outros, utilizam esse canal de distribuição há bastante tempo. A Natura, por exemplo, tem loja própria, mas a Avon só faz vendas por catálogo. Outro formato para o mesmo sistema baseia-se na venda por catálogo, mas com a presença de um promotor de vendas que vai de porta em porta.

As vendas por catálogo, historicamente, obtêm mais sucesso com consumidores das áreas rurais que não têm acesso imediato às lojas de varejo. A maior dificuldade para a disseminação do catálogo de varejo, quando esse formato se instalou no Brasil, foi a inflação. Com essa questão estabilizada, permaneceu ainda a desconfiança da qualidade dos serviços dos correios brasileiros.

Surgiu há pouco, com o avanço da tecnologia nos canais de venda, aplicativos pelos quais empresas de venda por catálogo também divulgam seus produtos. Os revendedores dessas marcas enviam as imagens dos produtos pelos aplicativos e por eles também recebem os pedidos. Ou seja, esse formato mais tecnológico possibilita maior agilidade (o consumidor não precisa receber o revendedor e pode acessar o catálogo a qualquer hora e em qualquer lugar) e campo de cobertura (o tamanho do território no qual o revendedor fará suas vendas depende do tamanho da lista de contatos que ele tem em seu telefone celular).

Comércio eletrônico

Business to business (B2B)

Em projetos de e-commerce destinados à cadeia de fornecimento, a capacitação para efetuar transações comerciais passou a ser a regra número um. Para isso, as empresas que acessam os portais B2B, na maioria fabricantes e confecções, se empenham em realizar a melhor negociação na internet. O benefício principal consiste em sondar catálogos atualizados de produtos têxteis e ter acesso às listas de produtos e serviços, informações sobre eventos e tendências sobre o segmento em um único portal.

A infraestrutura para os que disputam a parcela de negócios B2B têxtil, por exemplo, faculta comparar a cotação eletrônica, isto é, os leilões de commodities associados a um portal de logística promovem transações comerciais online entre indústrias e fornecedores (no nosso caso, empresas compradoras e vendedoras no setor de fios, filamentos, tecidos planos e malhas).

Exemplos de portais de moda B2B:

- https://www.modanaweb.com.br/
- https://bb.b2brazil.com.br/moda-vestuario

Business to consumer (B2C)

A internet torna possível a compra de vasto universo de produtos da moda nacional e internacional. Além disso, alguns sites fornecem guias que viabilizam o acesso a fornecedores, profissionais da área, lojistas, produtos e agenda de eventos; assim, nem é preciso sair de casa. A compra direta tornou-se possível mediante o uso do cartão de crédito.

O mercado virtual de estilo não é mais privilégio de grupos seletos. Os navegadores da moda saem no lucro por diversos motivos, a saber:

1. acesso às novidades o tempo todo;
2. opção de escolha de roupas entre as grandes marcas nacionais e internacionais;
3. acesso a várias marcas ao mesmo tempo;
4. facilidade de comprar produtos onde estiver, por ser uma compra remota;
5. pagamento facilitado e eletrônico.

Franchising

No Brasil, o franchising é um negócio que segue de vento em popa. Com a chegada ao país de grandes redes de moda, como a Zara, o sistema de franquia está evoluindo para fórmulas ainda mais avançadas de fazer negócios em parceria.

Sites de franqueadores de moda

- www.adji.com.br
- https://www.usereserva.com/
- http://www.colcci.com.br/
- https://www.arezzo.com.br/
- www.lilicaripilica.com.br
- www.hering.com.br

O sistema de franquia no Brasil se apresentou com maior força no final da década de 1980. Registrou, no 4° trimestre de 2020, movimentação de mais de R$ 53 bilhões, um crescimento de quase 23% se comparado ao trimestre anterior, contando com 156.798 unidades de loja. Esse é considerado um resultado excepcional no contexto atual da economia. O franchising é, atualmente, um dos sistemas que mais cresce no Brasil, oferecendo excelentes oportunidades à comercialização (www.portaldofranchising.com.br). Acesse o Relatório do Desempenho do Franchising Brasileiro desenvolvido pela Associação Brasileira de Franchising (ABF) no site: https://www.abf.com.br/numeros-do-franchising/.

Antes de tudo, é preciso conhecer o negócio: planejamento das vendas ou da produção, implantação, operação e administração do empreendimento. Deve-se contar ainda com uma análise profissional de materiais, equipamentos e insumos e indicação de fornecedores, entre outros itens, além de assistência completa.

É indispensável que o franqueador mantenha uma ou mais unidades-piloto, nas quais serão testados e aperfeiçoados a tecnologia do negócio e os novos produtos. Nesse sentido, a parceria está sendo chamada de "franquia de formato de negócio", ou "negócio formatado". À medida que a ideia for divulgada, o número de interessados no assunto aumentará. Não basta ser franquia para ser um bom negócio, pois, afinal, se existe algo que vale para ambos os tipos de negócio (franquia e iniciativa privada) é a convicção de que o sucesso só vem por meio de trabalho e dedicação.

> *É indispensável que o franqueador mantenha uma ou mais unidades-piloto, nas quais serão testados e aperfeiçoados a tecnologia do negócio e os novos produtos.*

Nunca é demais reforçar que, mesmo com uma realidade virtual inserida nos novos negócios, nada substitui a velha e boa criatividade para gerar o senso de oportunidade nos confeccionistas. Além do calendário sazonal do varejo – que deve, é claro, continuar a ser trabalhado com criatividade e planejamento –, há algumas oportunidades delineadas no horizonte do consumo que ainda não foram efetivamente exploradas pela grande maioria.

Enfim, as oportunidades estão aí e é preciso trabalhar nessa nova realidade, com persistência e criatividade, para a comercialização e a própria sobrevivência do segmento de confecção, no Brasil e no mundo.

CAPÍTULO

Sustentabilidade: a moda consciente

Primeiro, vamos nos deter na definição do termo sustentabilidade. Ao pesquisar na internet,[1] encontramos que o conceito de sustentabilidade apareceu pela primeira vez em 1987 e foi cunhado durante a Conferência das Nações Unidas sobre o Meio Ambiente Humano (Unche), em Estocolmo, na Suécia, em junho de 1972. A consolidação desse conceito ocorreu durante a Conferência das Nações Unidas sobre o Meio Ambiente e o Desenvolvimento (Eco-92 ou Rio-92), no Rio de Janeiro, Brasil, em 1992.

A Comissão Mundial sobre o Meio Ambiente apresentou na ONU um diagnóstico dos problemas ambientais, no qual se propunha que o desenvolvimento econômico fosse integrado à questão ambiental. Em resumo, sustentabilidade "é um conceito sistêmico que resulta e se reflete nas atitudes das pessoas, das organizações, e está diretamente ligada à sobrevivência do planeta".[2]

---

[1] CREDIDIO, Fernando. "Sustentabilidade - Você sabe o que significa essa palavra?". Filantropia, 1 mai. 2008. Disponível em: https://www.filantropia.ong/informacao/sustentabilidade_voce_sabe_o_que_significa_essa_palavra. Acesso em: 2020.

[2] Idem à anterior.

Contudo, a definição mais difundida é a da ONU, que define sustentabilidade como "o atendimento das necessidades das gerações atuais, sem comprometer a possibilidade de satisfação das necessidades das gerações futuras". O significado de sustentabilidade é sobretudo, sobrevivência. Qual tipo de sobrevivência ou de quê? Sobrevivência dos recursos naturais, dos empreendimentos e da própria sociedade. Sobrevivência esta que se baseia em três pilares: o econômico, o social e o ambiental. Em outras palavras, para qualquer empreendimento se tornar viável, daqui para a frente ele deverá ser ambientalmente responsável, socialmente justo e economicamente lucrativo.

Para levar adiante essa mobilização mundial, foi criada pela ONU a Agenda 2030, que é "um plano de ação para as pessoas, o planeta e a prosperidade, que busca fortalecer a paz universal".[3] A ilustração a seguir indica os 17 Objetivos de Desenvolvimento Sustentável, os ODS, que demonstram as ações necessárias para o estabelecimento de uma vida digna para todos. Objetivos e metas desenvolvidas para todos os países adotarem de acordo com as suas individualidades em prol de uma parceria global, orientando quais são as escolhas necessárias para melhorar a vida de todos daqui para a frente e tornar o planeta Terra um ambiente sustentável.

Fonte: GOV.BR. "Indicadores brasileiros para os objetivos de desenvolvimento sustentável". Disponível em: https://odsbrasil.gov.br/home/agenda. Acesso em: 2021.

[3] GOV.BR. "Indicadores brasileiros para os objetivos de desenvolvimento sustentável". Disponível em: https://odsbrasil.gov.br/. Acesso em: 2021.

A cadeia têxtil brasileira, junto à moda, também deve se adequar ao desenvolvimento econômico e material sem agredir o meio ambiente; para isso, é preciso utilizar os recursos naturais de forma inteligente, para que eles continuem disponíveis no futuro, atingindo, assim, o desenvolvimento sustentável.[4]

A indústria da moda é responsável por enviar grandes quantidades de lixo para os aterros sanitários, o que representa uma ameaça à saúde e à segurança das pessoas que vestem as roupas fabricadas e que as produzem. O setor também é responsável por cerca de 10% das emissões globais de carbono, quase 20% das águas residuais geradas, e consome mais energia do que a aviação e o transporte marítimo, juntos.[5]

Se levados em consideração esses fatores que agem contra o meio ambiente, além de muitos outros – como o consumo desmedido –, a indústria da moda contribui para a mudança climática e para a poluição da água. Por isso, urge entrar em ação com investimento em novas tecnologias e modelos de negócio que tenham por objetivo a moda do bem, a moda sustentável.

O setor têxtil e de confecção é um dos maiores motores econômicos do mundo, porém é um dos segmentos industriais mais poluentes do planeta. Para mudar essa situação, foram investidos muitos esforços e dinheiro em tecnologia para reduzir os custos de fabricação em toda a cadeia têxtil.

Tornou-se necessário minimizar os impactos negativos do modelo atual da moda, que é linear, do tipo: "pegar, fazer e perder". Foi preciso redirecionar esse modelo econômico para um que seja restaurador e regenerativo. O desafio da plataforma de inovação Fashion for Good[6] é conectar todos os *players*[7] da cadeia produti-

---

[4] Ibidem.

[5] Adaptado de BBC Future: Smart Guide to Climate Change.

[6] ÉPOCA NEGÓCIOS. "Plataforma com sede em Amsterdã, dirigida por Katrin desde março de 2017". Disponível em: http://sbvc.com.br/inovacao-sobrevivencia-industria-moda/. Acesso em: 2021.

[7] SBVC (Sociedade Brasileira de Varejo e Consumo). "Inovação para garantir a sobrevivência da indústria da moda". Disponível em: http://sbvc.com.br/inovacao-sobrevivencia-industria-moda/. Acesso em: 2021. Atores que trabalham junto no campo da moda: empreendedores, inovadores, financiadores, marcas, produtores, varejistas e fornecedores.

va de tal modo que se possa conduzir a transição do setor para a economia circular.

O modelo de negócio que busca aumentar o ciclo de vida de uma peça de roupa foi apelidado de economia circular. Todavia, não é suficiente apenas alongar o ciclo de vida de uma vestimenta; é necessário também atenuar o desperdício, assim como transformar a indústria têxtil mais adequada à nova realidade de consumo e torná-la mais sustentável. Mauro José Pereira, engenheiro têxtil e de confecção, com especialização no Japão e atuação na área como consultor para empresas internacionais, explica que, para tornar sustentável uma empresa do setor, pode-se aplicar a logística reversa. Um exemplo de logística reversa seria adaptar uniformes ainda em condições de uso de diversas maneiras, como: reduzindo-os para outros tamanhos, convertendo-os em roupas infantis para doação ou mesmo modificando-os e convertendo-os em outros produtos, como sacolas e mochilas.

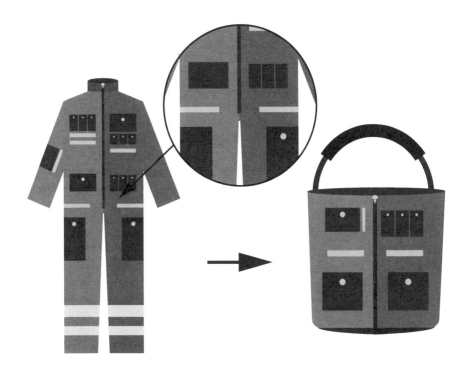

"Uma outra possibilidade de caminhar no sentido da sustentabilidade é reprocessar as aparas de corte (retalhos) nas confecções. As aparas de corte deveriam ser separadas por matéria-prima, posteriormente enfardadas em pequenos 'tijolos' (brics) para serem processados na 'desfiadeira', e transformados em matéria-prima para outros produtos, como mencionado anteriormente", complementa o engenheiro Mauro José.

Para que uma marca de roupa possa receber certificação de sustentabilidade, as peças precisam ser produzidas com responsabilidade socioambiental, ou seja, desde a matéria-prima até o descarte, ao longo de todas as etapas do processo e ao longo de toda a cadeia.

Segundo a diretora da plataforma de inovação Fashion for Good, o sistema funciona com três programas, a saber:

- Plug and Play Accelerator, sediado no vale do Silício, no qual são oferecidos a startups promissoras a expertise e o acesso ao financiamento do que precisam para crescer.

- Scaling Programme, que serve de suporte para as inovações que passaram na fase de acesso a especialização, clientes e capital.

- E o terceiro programa, Good Fashion Fund, que ainda está em desenvolvimento, é um catalisador de investimentos que integram a inovação e a adoção de boas práticas de moda. Os investimentos do fundo são diretamente direcionados à cadeia de fornecimento de vestuário e possibilitam reinvestir em inovações circulares.

O futuro da moda

O consumidor também precisa repensar as suas escolhas e contribuir para a prática do bem. Espera-se uma mudança global real. Com relação à tomada de decisão de compra dos consumidores atuais, a tendência é um em cada três consumidores levar em consideração se a marca é, do ponto de vista ambiental, saudável.[8]

---

[8] SBVC (Sociedade Brasileira de Varejo e Consumo). "Inovação para garantir a sobrevivência da indústria da moda". Disponível em: http://sbvc.com.br/inovacao-sobrevivencia-industria-moda/. Acesso em: 2021. Entrevista da diretora do Fashion Good à *Época Negócios*.

As inovações circulares proporcionam crescimento econômico com o uso de materiais recicláveis e seguros, limpeza e menos energia, fabricação de circuito fechado e criação de empregos justos.

Quais são as empresas do ramo no Brasil que incluíram programas de preservação ambiental?

Exemplo de moda consciente, a Oceano Surfwear, marca de Joinville (SC), carrega esse valor. A empresa criou uma linha de camisetas produzidas à base de garrafas PET. Ao todo, produz cerca de quarenta modelos de camisetas desenvolvidos com malha sustentável. A atuação da Oceano Surfwear vai além dos processos produtivos na preservação do meio ambiente: foi criado o programa KOB (Keep the Ocean Blue), um agrupador de atividades voltadas para a preservação e a conscientização ecológica, como a realização de mutirões de limpeza das praias, ações educativas nas escolas e práticas mais sustentáveis na fábrica.[9]

Pelo terceiro ano, a C&A lidera o Índice de Transparência da Moda Brasil, ranking que mede o quanto as empresas divulgam informações próprias de políticas trabalhistas, de pagamento e seus impactos sociais e ambientais.[10]

A C&A, marca fundada na Holanda, é a maior rede de varejo do país. Mesmo não sendo local, a operação brasileira forneceu as informações mais completas em termos de metas sociais e ambientais, rastreabilidade dos processos - desde o plantio de matérias-

---

[9] BRASIL FASHION NEWS. "Marca têxtil catarinense complete 40 anos com foco em sustentabilidade". Disponível em: https://www.brasilfashionnews.com.br/marca-textil-catarinense-completa-40-anos-com-foco-em-sustentabilidade/. Acesso em: 2021.

[10] EXAME. "C&A, Malwee e Renner lideram ranking de transparência na moda". Disponível em: https://exame-com.cdn.ampproject.org/c/s/exame.com/invest/esg/ca-malwee-e-renner-lideram-ranking-de-transparencia-na-moda/amp/. Acesso em: 2021. *ESG – Environmental, Social and Governance*. Índice mede o quanto as empresas divulgam informações suas políticas trabalhistas, de pagamento e seus impactos sociais e ambientais. Por Rodrigo Caetano. 27 nov 2020, 16h03 - Publicado em 27 nov 2020, 12h29.

-primas até a escolha dos fornecedores de tecidos –, e de justiça trabalhista e equiparação salarial.[11]

Foram consideradas pela pesquisa empresas de diferentes segmentos para abranger a diversidade do setor. Três fatores foram referência para a seleção das marcas, a saber: o volume de negócios anual; a diversidade de segmentos de mercado; e o posicionamento como lembrança de marca.[12]

O ranking da transparência é realizado globalmente. Vinte marcas foram analisadas na primeira edição brasileira, em 2018. Já no ano de 2019, entraram no índice quarenta companhias.

A primeira marca nacional a entrar no ranking global de transparência foi a Malwee, que ficou em segundo lugar. Em seguida está a Renner.

MARCAS TRANSPARENTES

As líderes do ranking de transparência na moda produzido pelo Fashion Revolution

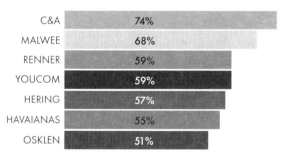

Fonte: Índice de Transparência da moda Brasil. Não pontuaram: Brooksfield, Carmen Steffens, Cia. Marítima, Colcci, Colombo, Di Santinni, Fórum, Lojas Avenida, Pompeia, Moleca, Olympikus e TNG.

---

[11] EXAME. "A C&A é a marca de moda que melhor divulga práticas sustentáveis". Disponível em: https://exame.com/blog/fila-a/e-a-marca-de-moda-mais-sustentavel-do-brasil-e-a-ca/. Acesso em: 2021. A varejista de moda é a que divulga melhores práticas, segundo o Índice de Transparência da Moda, divulgado hoje; Malwee e Renner aparecem na sequência. Por Guilherme Dearo Publicado em: 10/12/2019, às 12h00. Alterado em: 12/12/2019, às 12h32.

[12] Idem à anterior.

A Malwee conquistou, no Índice de Transparência da Moda Global, posição significativa: uma das dez empresas mais transparentes do mundo.[13]

Desafio do setor têxtil e moda

Tornar a sustentabilidade uma realidade e optar por diminuir os impactos nocivos no meio ambiente fazem parte dos desafios da indústria têxtil e do vestuário.

Para fortalecer uma marca, é preciso aliar a marca à sustentabilidade e utilizar essa ferramenta para conscientização ambiental. Os empresários do setor precisam associar efetivamente a sustentabilidade aos seus negócios. O caminho para isso acontecer está em trabalhar por um meio ambiente mais saudável, um mundo melhor e uma sociedade mais justa. Isso tem a ver com fazer a sua parte e mudar o jeito de viver.

A questão de sustentabilidade na moda

Os primeiros passos foram a criação de matérias-primas que causassem menos impacto ao meio ambiente, sem perder a qualidade. A bandeira da sustentabilidade requer que se gere menos lixo ou que se reaproveitem as sobras da atividade industrial na qual está inserida para melhorar os processos produtivos. Um dos meios de conseguir se adequar a esse tipo de comportamento é usar têxteis desenvolvidos de matérias-primas feitas com resíduos de materiais naturais, como madeira e frutas. A prática de fazer moda usando materiais mais ecologicamente sustentáveis recebeu o nome de biocouture.[14] Pesquisadores da área têm tentado desenvolver outras formas menos nocivas ao meio ambiente, como alternativas de tingimento e uso de materiais de maior biodegradação após o descarte. O foco no crescimento sustentável é um ponto que precisa se tornar parte da estratégia de uma empresa.

---

[13] ISSU. "Índice de Transparência da Moda Brasil". Disponível em: http://bit.ly/itmb2019. Acesso em: 2021.

[14] BBC. "Smart guide to climate change". Disponível em: http://www.bbc.com/future/smart-guide-to-climate-change. Acesso em: 2021.

Outra maneira de atuar no ramo da moda sustentável é inserir um *tag* nas peças confeccionadas com mensagens de cunho sustentável, como: frases em prol da preservação do meio ambiente, dados sobre onde, como, quando e por quem a peça foi fabricada, além de ter na missão da empresa o legado que a marca deixará para as gerações futuras.

Consumo sustentável

O Fashion Revolution, movimento ativista global, surgiu para alertar sobre os estragos ocasionados pela indústria de moda não somente no meio ambiente como também para incentivar um consumo desmedido e exagerado. Esses movimentos trouxeram informação, educação e estimularam os consumidores a participar ativamente da mudança de comportamento.

Com relação às práticas de trabalho, a mudança de mindset (atitude ou configuração mental que cada indivíduo tem), que aconteceu de 2010 a 2019 e ainda está em andamento, marcou época. Isso diz respeito a praticamente todos os processos. São informações em prol de uma maior prestação de contas por parte das marcas da indústria de moda, que se disponibilizaram a divulgar publicamente dados internos. Mencionamos aqui alguns itens.[15]

- como uma marca trabalha revela as estruturas em vigor em todos os níveis da empresa;

- quem são seus fornecedores e suas políticas de pagamento;

- onde suas peças são produzidas, etapas e relações de trabalho;

- como ela trata seus funcionários, ou seja, como são as condições de trabalho;

- se há um pensamento inclusivo e igualitário no seu quadro de colaboradores, (igualdade de gênero);

- o quanto gasta de água e produz de lixo, por exemplo: o descarte de resíduos têxteis;

---

[15] FFW. "2010-2019: profissionais da moda elegem os momentos que marcaram a década". Disponível em: https://ffw.uol.com.br/noticias/moda/2010-2019-profissionais-da-moda--elegem-os-momentos-que-marcaram-a-decada/. Acesso em: 2021.

- o quanto sua comunicação é transparente, divulgação pública de dados confiáveis.

Sustentabilidade, que tem na transparência, na inovação e nos consumidores conscientes seus maiores aliados, foi escolhida como a palavra de ordem na moda e no mundo.

Os consumidores estão mais atentos aos produtos mais amigos do meio ambiente e do planeta. A mudança de comportamento está evoluindo, e observamos cada vez mais pessoas demandando produtos feitos no Brasil e que sejam produzidos de maneira sustentável. Esse consumo responsável mostra que é possível vestir-se de modo mais consciente e fazer disso um hábito.

O Fashion Revolution realizou o projeto chamado Índice de Transparência da Moda Brasil. Esse projeto consistia em montar uma ferramenta para auxiliar os consumidores que querem ter informações fidedignas e transparentes sobre marcas de moda. Para isso, analisou trinta das maiores marcas nacionais, de acordo com a disponibilização de dados públicos em seus canais.[16]

Utilizando os recursos naturais de forma consciente

Com o aumento dos movimentos pró-sustentabilidade, ações individuais e dentro da indústria da moda demonstram que não há mais volta quando pensamos em um mundo mais justo para a natureza e para seus habitantes.

A utilização dos recursos naturais de forma consciente parece ser "o mundo ideal", mas para que essa consciência se torne de fato realidade, ainda há muito campo a percorrer no que diz respeito ao comprometimento das empresas e dos indivíduos comuns em relação à mudança de hábitos e consumo. Adiante, seguem algumas atitudes que podem direcionar a indústria e os indivíduos a práticas que ajudarão a transformar o mundo em um ambiente mais ecológico e justo socialmente.

O slow fashion, ou moda sustentável, demonstra a vontade de estilistas, fabricantes e usuários fazerem a diferença. Nesse caso, a preocupação foca melhor manutenção da integridade ecológica e

---

[16] Idem à anterior.

da justiça social. O surgimento cada vez maior de marcas populares sustentáveis demonstra o interesse das novas gerações de criadores em já começar a sua história comprometendo-se com o meio ambiente e os seres que o habitam.

Para fabricar roupas, 97% dos materiais usados são novos recursos, como óleo para fibras sintéticas, fertilizantes para plantas de algodão e corantes naturais para tingimento.[17] O uso de matérias-primas recicladas para a fabricação de roupas tem como resultado a diminuição da necessidade do uso de novos recursos naturais.

Encontrar alternativas para reproduzir a beleza que o couro e as peles trazem para as criações de moda foi um dos primeiros movimentos organizados a surgir em protestos contra a indústria da moda. Como maior porta-voz dessa prática está a PETA (People for the Ethical Treatment of Animals – Pessoas pelo Tratamento Ético dos Animais). Essa organização trabalha para proteger os animais de abuso e morte pela indústria da moda.[18] Roupas feitas de couro ou pele matam até 430 milhões de animais a cada ano.[19] Alguns dos materiais alternativos usados para esse fim têm sido cintos de segurança velhos, plásticos ou até mesmo lixo do oceano.

Um dos principais recursos da indústria da moda é a água, seja para o cultivo do algodão, seja para tingimento e beneficiamentos têxteis. Com base em uma estimativa da ONU, um par de jeans requer um quilo de algodão para ser produzido. O algodão tende a ser cultivado em ambientes secos, o que faz com que a produção dessa quantidade precise de 7.500 a 10 mil litros de água, equivalente a dez anos de água potável para uma pessoa.[20] Um processo de fabricação mais sustentável usa menos água ao optar por uma matéria-prima reciclável ou que necessite de menos água para ser produzida.

---

[17] DIVERSITY FOR SOCIAL IMPACT. "Sustainable fashion clothing: how will it save our world". Disponível em: https://diversity.social/sustainable-fashion-clothing/#3-saving--natural-resources. Acesso em: 2021.

[18] PETA. Disponível em: https://www.peta.org. Acesso em: 2021.

[19] DIVERSITY FOR SOCIAL IMPACT. "Sustainable fashion clothing: how will it save our world". Disponível em: https://diversity.social/sustainable-fashion-clothing/#3-saving--natural-resources. Acesso em: 2021.

[20] BBC Future: Smart Guide to Climate Change.

A "moda regenerativa" se apresenta como mais uma modalidade de uso consciente de recursos naturais na indústria têxtil e de confecção. Nesse caso, a ação não objetiva causar menos impacto, mas causar impacto positivo no meio ambiente. Essa prática se tornou viável em 2015, quando aproximadamente sessenta pessoas (grupo composto por representantes de empresas, comunidades agrícolas e científicas, instituições educacionais, legisladores e ONGs) de 21 nações se encontraram. Nesse momento, desenharam um plano de ação de um movimento internacional com uma meta em comum: reverter o aquecimento global e acabar com a fome no mundo, facilitando e acelerando a transição global para a agricultura regenerativa e gestão da terra.[21]

No entanto, o que significa "moda regenerativa"? São produtos de moda criados por marcas que terão como principal preocupação causar impacto positivo no meio ambiente, e não só poluir menos ou causar menos impacto negativo. É um comportamento que vem de uma nova postura, na qual o olhar parte de um novo ponto de vista e o retorno para a humanidade soma em vez de apenas reduzir. As marcas que se voltarem para essa prática precisarão trabalhar lado a lado com quem faz "agricultura regenerativa".

E o que é "agricultura regenerativa"? A ideia desse conceito é recuperar o solo por meio de práticas de agricultura e pastagem, que "revertem mudanças climáticas, reconstruindo a matéria orgânica e restaurando a biodiversidade degradada do solo — resultando na redução do carbono e na melhoria do ciclo da água".[22] É uma ação que une as indústrias têxtil e alimentícia, restaura o ambiente e qualifica a vida de famílias no campo.[23]

Como a moda pode ajudar nesse processo, então? O tecido usado na fabricação de roupas é feito de fios, que, por sua vez, são feitos de fibras. Se essa fibra for cultivada em fazendas e sítios que trabalham por um sistema regenerativo, ela é regenerativa. Ou seja, a base da produção desse tipo de roupa já começa trazendo

---

[21] REGENERATION INTERNATIONAL. "The future of agriculture is regenerative". Disponível em: https://regenerationinternational.org/. Acesso em: 2021.

[22] Idem à anterior.

[23] ELLE. "Chão de roupa, chão de comida". Disponível em: https://elle.com.br/moda/porprecisamos-falar-sobre-agricultura-regenerativa. Acesso em: 2021.

As engrenagens da moda
CAPÍTULO 6

benefícios ao solo onde foi produzida, não só causando menos impacto do que a roupa feita nos moldes usuais, mas recuperando e beneficiando o meio ambiente à sua volta. A regeneração é sobre desenvolver muitos, e não enriquecer poucos.[24]

Apesar de encantador, esse processo não é tão simples de ser implantado. A quantidade que se consegue produzir nesses moldes, nos dias de hoje, não é compatível com a sustentação atual do mercado de varejo. Para chegar a um nível equilibrado de produção x demanda, serão necessários investimentos em pesquisa tecnológica, desenvolvimento de logísticas próprias e investimentos em maquinários apropriados. "Temos estudado para chegar a uma equação de escala para esse tipo de iniciativa", explica Eduardo Ferlauto, gerente sênior de sustentabilidade das Lojas Renner.[25]

Construindo um ambiente justo de trabalho

Em épocas passadas, nunca nos preocupávamos com o modo como eram fabricadas as peças que usávamos. Entretanto, com toda a mobilização por um ambiente sustentável, esta se tornou uma preocupação crescente, a passos largos, na hora da compra. A falta de ética nessa engrenagem da indústria está levando milhares de consumidores a deixarem de comprar marcas que não respeitam os direitos humanos no ambiente de trabalho. Muitos funcionários da indústria da moda trabalham em condições análogas à escravidão. Esse é o cenário visto nos principais produtores de roupas, como China e Bangladesh. Marcas consideradas ecoéticas buscam fábricas que organizam ambientes seguros e justos para os seus trabalhadores, nos quais é reconhecível a preocupação com o bem-estar no ambiente de trabalho, além de uma remuneração digna pelos serviços prestados.

Infelizmente, ao esmiuçar as etapas de sua produção, concluímos que o trabalho infantil é mais um dos pontos negativos da indústria da moda. De acordo com a Unicef, existem atualmente mais de 170 milhões de crianças envolvidas em alguma modalidade de

---

[24] ELLE. "Chão de roupa, chão de comida". Disponível em: https://elle.com.br/moda/porprecisamos-falar-sobre-agricultura-regenerativa. Acesso em: 2021.

[25] Idem à anterior.

trabalho com vestuário na indústria da moda.[26] A contratação de crianças para trabalhar, além das atividades desempenhadas por elas em ambientes perigosos, compromete totalmente, nos dias de hoje, a imagem de marcas que não se preocupam com tais questões. As marcas que se organizam para essa prática não fazer parte do seu histórico, ou seja, as marcas que adotam processos éticos de fabricação, fornecem informações transparentes sobre seus processos de trabalho, fábrica e condições de trabalho.

A sustentabilidade na moda é um tema que não se esconde mais atrás da malha feita com a reciclagem de garrafas PET ou roupas feitas em 100% algodão. Hoje, o tema se ampliou, de maneira abrangente, com atitudes que englobam não só as empresas como os próprios consumidores. Não é mais sobre o resultado final ser considerado uma moda consciente, e sim sobre o início da cadeia de produção já vislumbrar um retorno positivo ao meio ambiente e às comunidades que vivem ao seu redor.

A indústria do vestuário, por muitos anos vista apenas através de lentes glamourosas, precisou assumir o seu *mea culpa* por ser um dos segmentos industriais mais poluentes do planeta e traçar mudanças estruturais para se adequar aos novos tempos. Essas adequações precisam cobrir um território abrangente, que inclui: a agricultura regenerativa, o uso inteligente dos recursos naturais, a criação de condições e ambientes de trabalhos mais justos, a erradicação do trabalho infantil, o consumo consciente, o reaproveitamento de roupas antigas, assim como qualquer outra atitude que faça retroceder o caminho destrutivo para onde o mercado da moda estava indo.

Nos dias de hoje, a consciência das novas gerações sobre a importância da sustentabilidade está sendo trabalhada desde cedo. Essa atitude faz com que eles entendam as necessidades de sobrevivência da humanidade de forma mais orgânica. As instituições de ensino estão reorganizando seus currículos para incluir matérias específicas que tratam desse tema, levando em conta suas diversas nuances. Empresas estabelecidas estão se readequando e as

---

[26] DIVERSITY FOR SOCIAL IMPACT. "Sustainable fashion clothing: how will it save our world?". Disponível em: https://diversity.social/sustainable-fashion-clothing/#3-saving--natural-resources. Acesso em: 2021.

novas estão procurando se lançar já com uma atitude sustentável. Governos trabalham juntos para que, de modo global, atinjam metas comuns que beneficiarão o mundo. As comunidades agrícolas estão recebendo mais atenção e as científicas, intensificando os estudos para maior entendimento do assunto. A soma dessas práticas e de muitas outras que se apresentarão nas próximas décadas delineará o caminho necessário para um desenvolvimento nacional sustentável.

CAPÍTULO

Rumos do setor

A moda funciona em ciclos semestrais de tendências. Cores, estilos e texturas variam muito rapidamente, e é preciso estar sempre em sintonia com as mudanças. Mas quem pretende trabalhar nessa área e fazer da moda um negócio deve enxergar além. O segredo é perceber as tendências globais do comércio com sensibilidade suficiente para entender em que ponto elas podem exercer influência sobre a moda. Os futuros líderes do mercado serão os que reconhecerem a importância do consumidor em todos os níveis da tomada de decisões, da adoção de avanços tecnológicos nas áreas da comunicação e do processamento de dados e da emergência de um mercado global de fato verdadeiro.

Os consumidores do mercado atual estão muito mais exigentes e informados, o que acarreta maior cobrança em relação à qualidade dos produtos e serviços. Os consumidores de hoje exigem individualismo, imediatismo e valor, assim como o farão os do futuro.

De acordo com as informações da Abit,[1] entre 2015 e 2017 a cadeia têxtil brasileira continuou crescendo, mas em 2018 sofreu uma queda nos números em consequência de vários fatores, inclusive o aumento nas exportações e a queda nas importações. As expectativas para o ano de 2020 eram muito boas, mas a pandemia da covid-19 fez com que o setor têxtil sentisse os efeitos da crise. O setor tentou se reinventar durante o período de coronavírus, alterando a linha de produção e passando a fabricar itens de saúde.[2]

Os negócios na moda também devem oferecer melhorias e benefícios aos consumidores, bem como criar experiências inovadoras e memoráveis para os seus clientes. As tendências de mercado e o comportamento de compra estão mudando por completo a maneira pela qual as empresas de moda conduzem seus negócios. Essas empresas do setor têxtil e de confecção são testadas pelo mercado. Entre os desafios que essas empresas enfrentarão nos próximos anos e décadas estão: a adoção cada vez maior de tecnologia e a automação do processo produtivo. O perfil dos futuros consumidores, o cenário global e o melhor modelo industrial são os temas mais debatidos para o futuro do setor. Por isso é tão importante conhecer as previsões e as tendências mundiais para antecipar-se à concorrência e tomar decisões assertivas.

A EMPRESA DO FUTURO

Em profunda transformação, o mercado de moda sinaliza uma grande preocupação com impacto do setor na natureza. A palavra da vez: sustentabilidade. Essa é uma tendência global que demonstra ser uma das maiores preocupações do mundo moderno, tanto que decidimos nesta nova edição acrescentar um novo capítulo exclusivamente voltado a esse assunto. Veja o Capítulo 6.

---

[1] FEBRATEX GROUP. "Cadeia têxtil: entenda as oportunidades deste segmento de acordo com a Abit". Disponível em: https://fcem.com.br/noticias/cadeia-textil-entenda-as-oportunidades-deste-segmento-de-acordo-com-a-abit/. Acesso em: 30 ago. 2020.

[2] AGÊNCIA BRASIL. "Setor têxtil tenta se reinventar para enfrentar a pandemia de covid-19". Disponível em: https://agenciabrasil.ebc.com.br/economia/noticia/2020-04/setor-textil-tenta-se-reinventar-para-enfrentar-pandemia-de-covid-19. Acesso em: 30 ago. 2020.

As empresas do futuro precisam estar atentas à conscientização ambiental,[3] acompanhando as seguintes práticas:

- as soluções de baixo impacto ambiental na fabricação pedem investimento em maquinário e pesquisa para redução ou reutilização de energia;

- a elaboração de peças de roupas deve valorizar o caráter sustentável;

- estudos avançados a respeito de sustentabilidade, pesquisas sobre reaproveitamento e diminuição de desperdício de tecidos estão em consonância com práticas sustentáveis;

- impressão 3D.

A transformação digital trouxe profundas mudanças e impactou o consumo. O consumidor atual evoluiu para um consumidor 4.0, que tem amplo e constante acesso à tecnologia. As marcas de moda que têm compromissos reais em favor de minorias e de direitos humanos alcançam esse novo consumidor pela web 4.0 e pela integração entre todas as mídias. A nova vantagem competitiva das marcas será a AUTENTICIDADE. A atuação do varejo 4.0 segue o desafio de se adequar ao consumidor 4.0, mostrando maior proximidade. Interagir com o seu público, oferecer atendimento de destaque, construir valor agregado, ter presença ampla em redes sociais com a oferta de canais de venda variados, captar a audiência pelo inbound marketing são alguns dos novos desafios do varejo de moda 4.0.

A confecção 4.0 veio para atender à demanda de maior tecnologia aliada nos processos, assim como a indústria 4.0 já é uma realidade instituída pela Quarta Revolução Industrial.

---

[3] FEBRATEX GROUP. "Tecnologia para indústria têxtil: o que há de mais moderno no setor". Disponível em: https://fcem.com.br/noticias/tecnologia-para-industria-textil-o-que-ha--de-mais-moderno-no-setor/. Acesso em: 5 set. 2020.

EMPRESA DE MODA DO FUTURO

Fonte: https://rockcontent.com/br/blog/consumidor-4-0/.
Publicado em: 11 out. 2018. Atualizado em: 13 mar. 2020.

AS TENDÊNCIAS DO VAREJO

Historicamente, o setor de varejo sempre teve seu foco no consumidor e manteve com ele seu único elo direto. Nos últimos anos, os varejistas se conscientizaram da importância de desenvolver um "relacionamento" com o consumidor.

O consumidor de hoje busca conveniência, lazer, serviço e valor dentro de um ambiente no qual o escasso tempo livre pessoal o leva a comprar produtos que lhe proporcionem mais benefícios. Com algum desenvolvimento na logística de entrega, a loja de varejo poderá continuar a ser o ponto em que o consumidor tomará suas decisões de compra, mas não será sempre o canal pelo qual lhe será feita a entrega da mercadoria. Uma crescente parcela de mercadorias vendidas vai direto do produtor para o consumidor, em sua casa.

A importância do consumidor para os empresários se tornou tão grande que um conceito foi criado para o tratamento que hoje lhe é destinado: customer relationship management (CRM), ou gestão de relacionamento com o consumidor. Para iniciar qualquer tipo de relacionamento com o consumidor, é necessário que se invista em um banco de dados. Normalmente, trata-se de um programa informatizado que armazena e administra diversas informações sobre os consumidores, como: produtos mais comprados, frequência de compra, datas importantes, endereço, hábitos de compra, entre outras informações relevantes para obter maior proximidade com o consumidor.

O CRM começa a funcionar desde a primeira venda e se desenvolve de modo contínuo. Com a administração dessas informações, o empresário pode "manipular" a forma de tratamento de seu cliente, fazendo com que o relacionamento entre ambos se torne cada vez mais pessoal. Enviar foto das peças das coleções, ou foto de produção de moda, cartões de aniversário, notificações de lançamento de coleção, cartões com descontos e convites para eventos é um meio de fazer com que o consumidor se sinta cada vez mais "próximo" de uma loja e, como resultado, compre mais.

O marketing de relacionamento cresceu e crescerá mais ainda. O modo que os varejistas escolherem para redimensionar suas ações, a fim de atender aos desejos dos seus consumidores pela oferta de produtos mais direcionados, será como criarão diferenças entre si mesmos e seus competidores.

O varejo, no seu sentido mais amplo, é o meio usado para apresentar mercadorias na loja, em um catálogo, na TV ou no computador. O varejo será visto, cada vez mais, em dois formatos: varejo com loja e varejo sem loja. O varejo com loja representa as vendas feitas pessoalmente por meio dos canais tradicionais. O varejo sem loja abrange todas as outras formas de varejo em que a mercadoria é entregue ao consumidor, por exemplo as vendas por catálogo virtual.

A internet possibilitou um enfoque substancial no rumo de todos os tipos de varejo sem loja. O cliente-consumidor é o acionador de tudo. A tecnologia fornece os meios para esse "novo" mundo do varejo. Com ela, os consumidores têm acesso a grandes quantidades de informações e opções, o que lhes proporciona o necessário controle para ativar a demanda como e onde quiserem. Para os varejistas, a maneira pela qual essa massa de informações é editada para o consumidor confere um novo diferenciador entre concorrentes.

Uma questão que os varejistas devem levar em conta é a mudança no comportamento do consumidor.

O varejista precisa estar atento às mudanças e negociar bem com os fornecedores. São importantes itens como preço, prazo e condições de entrega. Na hora de determinar o preço, deve-se estudar muito qual será a margem de lucro utilizada, pois ela diminuirá cada vez mais.

Outro ponto importante que não deve ser ignorado pelos varejistas é o estoque. É muito tênue a linha que separa o estoque bom do ruim. O estoque virou um problema, algo do qual o lojista precisa se livrar com rapidez. Ao mesmo tempo, é importante não ter falta de estoque, o que significa que o fornecimento precisa ser rápido e instantâneo.

Quanto maior e mais aberta a economia mundial, mais os produtos poderão ser elaborados em qualquer lugar, utilizando recursos e qualidades locais, por empresas estabelecidas onde queiram. Da mesma forma, será possível vendê-las em qualquer lugar.

Diversidade

A moda deve oferecer indiscriminadamente todo tipo de vestimenta a todo tipo de pessoas, sem exclusão. É preciso encontrar valores nos mais diversos estilos e gostos.

Inclusão

Esse é um dos valores que tem de mudar no futuro, e a moda tem poder de trazer novas reflexões e percepções sobre esse tema tão complexo. Pode alterar a visão, a atitude e o julgamento, evitando comportamentos prejudiciais.

Em pouco tempo, entre o final dos anos 1990 e o início da década de 2000, o Brasil saiu do anonimato no mundo da moda para se situar como lançador e exportador de profissionais e estilos. As coincidências e o trabalho produziram o bom momento do país no mercado da moda mundial. A seguir, alguns fatores que ajudaram nesse processo:

- A modelo brasileira Gisele Bündchen estourou aos 19 anos, sendo considerada pela revista *Vogue* a melhor modelo de 1999. Gisele já se aposentou, mas ainda faz e aceita alguns trabalhos esporádicos.

- Alguns designers de moda brasileiros expoentes da moda conquistaram fama nos circuitos brasileiros de prêt-à-porter mais sofisticados e na mídia internacional.

- A cidade de São Paulo passou a ser reconhecida na mídia internacional como a capital da moda da América Latina.

- A cidade do Rio de Janeiro continua sendo referência de moda praia e moda casual.

- Mudanças no calendário brasileiro de moda estão sendo debatidas pelas marcas 100% brasileiras, marcas estas que pertencem ao grupo chamado de slow fashion. A Abest (Associação Brasileira de Estilistas) bem como alguns dos mais importantes showrooms e pequenas feiras de São Paulo pensaram nisso e vieram a estabelecer um novo calendário para a moda brasileira.

Esse cenário internacional, somado ao profissionalismo das modelos e dos desfiles nacionais e até mesmo à estabilidade econômica conquistada a duras penas, fez o Brasil emergir como alternativa. O país está apresentando ao mundo o oposto de tudo aquilo que repentinamente enjoou o mercado de moda – modelos saudáveis de rostos universais e cheias de ginga, criações sensuais que moldam o corpo e brincam com motivos e cores alegres, refletindo uma cultura assimilada como divertida.

Esses conceitos remetem ao lema de curtir a vida, que europeus e americanos se esforçam para seguir neste mundo cada vez mais sisudo. Resta agora aos novos profissionais desenvolverem produtos com um estilo próprio para que o Brasil continue sendo valorizado no exterior e não caia no esquecimento, como aconteceu com outros polos de moda, a exemplo do Japão, que mantêm poucos nomes de peso no cenário atual.

Em vista dos grandes avanços do Brasil nesse setor, o mercado agora está de olho no futuro e se prepara para dias de crescimento. Algumas metas foram traçadas pelas confecções brasileiras para consolidar a sua presença no exterior. A primeira delas é formar trezentos consórcios de pequenas confecções voltadas às exportações, em que as empresas e a Agência de Desenvolvimento à Exportação dividem custos de missões empresariais, divulgação e participação em feiras.

O Brasil é autossuficiente na produção de algodão, matéria-prima para a indústria têxtil. O país está entre os maiores produtores mundiais de algodão, na quinta posição em 2019, e é o segundo maior exportador no ranking mundial de plumas, segundo dados da Conab.[4]

A indústria têxtil nacional é referência para o mundo em vários segmentos, como: moda praia, fitness, lingerie, jeanswear e homewear.

O Brasil vem perdendo espaço no mercado internacional em razão das crises econômicas dos últimos anos. Acordos de comércios internacionais podem alavancar o acesso das indústrias ao exterior.

Como revelam as informações da Abit, o Brasil detém a quinta maior indústria têxtil do mundo, com uma história que já dura mais de duzentos anos, além de ser o quarto maior em confecção.

O país, único da América do Sul a ocupar lugar de destaque no setor, responde por 2,4% da produção mundial de têxteis e por 2,6% da produção mundial de vestuário.[5]

Campanhas

Iniciada em 2015, a campanha digital Moda Brasileira – Tamo Junto, criada pela Abit, tem como objetivo valorizar a moda brasileira e a indústria têxtil e de confecção nacional, fortalecendo a ideia

---

[4] SOUZA, Bruno Sérgio de. "O retrato da indústria têxtil no Brasil". BRS Gestão Empresarial. Disponível em: https://brsgestaoempresarial.com.br/o-retrato-da-industria-textil-no-brasil/. Acesso em: 2021.

[5] FEBRATEX GROUP. "Cadeia têxtil: entenda as oportunidades deste segmento de acordo com a Abit". Disponível em: https://fcem.com.br/noticias/cadeia-textil-entenda-as-oportunidades-deste-segmento-de-acordo-com-a-abit/. Acesso em: 2021.

de comprar produtos brasileiros de toda a manufatura nacional, principalmente da indústria têxtil e de confecção.

Em 2020, essa campanha foi atualizada e reforçada com o propósito de ajudar o setor a sair da crise ocasionada pela covid-19.

Pela campanha "Compre um produto nacional e mantenha um emprego no Brasil!", a Abit pretende reforçar a aquisição de produtos que o país produz desde a matéria-prima até o produto final.[6] Dessa forma, haverá um incentivo ao setor, o que ajudará também na recuperação da economia nacional.

A INTERNET

Com iniciativas isoladas ou reunidos em associações, comerciantes de áreas distintas estão utilizando o comércio eletrônico. A internet propicia expandir a distribuição dos produtos para regiões antes inalcançáveis. No entanto, nem todos desenvolvem suas home pages para, de início, comercializarem produtos. Muitos escolhem medir o retorno desse negócio com uma singela página de divulgação antes de estruturar as vendas pela internet.

Os sites institucionais ainda predominam quando o assunto é negócio popular. A ideia desses empresários foi experimentar o mercado eletrônico e crescer devagar. Essa lentidão no início das atividades se deve ao fato de que o vestuário não tem tradição de venda no Brasil, pois o comprador não pode experimentar as peças quando a venda é feita pela internet.

Isso mudou. A internet ajudou muitas empresas de moda a sobreviverem durante a pandemia do coronavírus. A agilidade nas compras online está sendo cada vez mais exigida pelo novo consumidor. Vale a pena investir no serviço de entrega mais rápida. A maioria dos varejistas de comércio eletrônico nos Estados Unidos está entregando a mercadoria no mesmo dia. A Global Consumer Insights pesquisou e mediu a importância do recebimento de suas compras online de modo instantâneo. O estudo apontou que 88%

---

[6] COSTURA PERFEITA – Edição Ano XXI – N. 115 – Maio/Junho – p. 40. Disponível em: https://pt.calameo.com/read/004640919496b80d88a4f. Acesso em: 13 set. 2020.

dos consumidores estão dispostos a pagar mais pela entrega no mesmo dia da compra.[7]

PONTOS DE VENDA DIFERENCIADOS

As lojas pop-up são direcionadas para o varejo temporário. Esse é um novo formato especial, que experimenta um espaço de venda de curto prazo, no qual se pode testar uma nova linha de produtos, interagir melhor com os clientes, criar interesse e gerar mídia para garantir novas receitas. Normalmente, as "pop-up stores" fecham logo após ter terminado o tempo de existência do negócio ou ter alcançado o propósito para o qual foram abertas. Isso não quer dizer que elas não possam reabrir e se tornar lojas de varejo tradicionais.[8]

Com a expansão do mercado da moda, os consumidores se deparam com lojas comuns, nas quais as coleções, promoções, vitrines e propagandas não ganham nenhum detalhe inovador. A ordem é vender, e os empresários, muitas vezes, acreditam que precisam repetir fórmulas para terem uma venda certa.

O interessante é que, com o desenvolvimento dos conceitos de marketing no mercado brasileiro, esses empresários estão vendo que, na maioria das vezes, quem inova acaba se destacando por saber surpreender o público.

Um novo formato de varejo – as *vending machines* (máquinas de venda, em tradução literal) – está surgindo, só que dessa vez não para lanches ou bebidas, e sim para produtos de moda. A Hering colocou à disposição suas camisetas básicas em aeroportos, vendidas em autosserviço, cujo pagamento dispensa o vendedor, evitando assim o contato direto com outro ser humano. As sandálias Havaianas estão sendo vendidas também em gôndolas fabricadas pela própria empresa e colocadas em lojas de conveniência. Es-

---

[7] FFW. "Inovação: tendências do varejo que ainda vão dar o que falar". Disponível em: https://ffw.uol.com.br/noticias/moda/inovacao-tendencias-do-varejo-que-ainda-vao-dar-o-que-falar/. Acesso em: 11 out. 2020.

[8] Idem à anterior.

sas máquinas automáticas oferecem conveniência disponibilizando compras 24 horas por dia, sete dias da semana.[9]

A marca Aqualung[10] desenvolveu um novo tipo de comercialização de produtos, após anos de investimento em franquias. Seu ponto de venda na época resumia-se a expositores móveis, que ocupavam espaços pequenos em lojas de conveniência, livrarias, saguões de hotéis, universidades, entre outros.

O Projeto Ação Ecológica foi um marco para a Aqualung, com venda de camisetas em expositores alocados em lugares alternativos. Todos os pontos de venda alternativos foram encerrados, mas o modelo de venda foi exportado para Portugal, Itália e Canadá.

A Aqualung, que se tornou conhecida pelas camisetas com mensagens de apoio à natureza, hoje está presente em Ilhabela (SP) e em Paraty (RJ), e vende também via e-commerce.

Desse exemplo da Aqualung podemos tirar uma lição: a possibilidade de expandir as vendas não se resume a promoções ou à abertura de lojas convencionais. Com o mundo se desenvolvendo a passos rápidos, é importante que os empresários pensem com um pouco mais de criatividade. Se todos continuarem a ter o mesmo tipo de loja, nunca vão se destacar entre os seus concorrentes. Com a mesmice do mercado, uma empresa que trabalhe com a criatividade vai despertar, em maior grau, a atenção de seus consumidores. Os pontos de venda alternativos são uma grande tendência no mercado da moda.

 Os pontos de venda alternativos são uma grande tendência no mercado da moda.

De olho no que os varejistas fazem no exterior, as lojas brasileiras "importaram" outro tipo de varejo. O "varejo/lazer", que oferece e inclui, por exemplo, livros, maquiagem, artigos de decoração e,

---

[9] MUNDO DO MARKETING. "Tendência: varejo aposta em vending machines como novo canal de vendas". Disponível em: https://www.mundodomarketing.com.br/reportagens/planejamento-estrategico/30739/tendencia-varejo-aposta-em-vending-machines-como-novo-canal-de-vendas.html. Acesso em: 7 set. 2020.

[10] A Aqualung foi lançada em 1986, em Búzios, e continua operando a sua marca, divulgando e ajudando a preservar o meio ambiente marinho.

muitas vezes, até um bar em lojas de roupas. Com esse novo estilo, as lojas estão servindo tanto de espaço de lazer quanto de área de compras. Ir a uma loja com essas características tornou-se um programa em que, além das roupas, os consumidores podem comprar decoração e, ainda, lanchar. Assim, os varejistas fazem com que o consumidor se sinta à vontade na loja, tornando a compra um ato agradável e o ponto de venda, mais eficaz.

Pesquisas de mercado sinalizaram que, quanto mais tranquilo o consumidor se sentir na loja, mais ele comprará. Foi como começaram os cafés conceituais...

LOJAS CONCEITO: LOJAS DE "ESTILO DE VIDA"

A ideia de propor "algo mais" transformou as simples butiques em espaços conceituais. Não se trata de vender apenas roupas, pois as lojas com conceito vão além de uma ampla seleção de moda: vendem um estilo de vida. Os clientes que frequentam lojas desse tipo não estão interessados apenas em se vestir, mas em cultivar certo estilo de vida, de atitude.

Nesses ambientes, convivem harmoniosamente roupas, produtos de beleza, acessórios, café e bar, espaço para ler e comprar livros, cabeleireiro, seções cama, mesa e banho, artigos de decoração – incluindo peças de mobília – e até uma área para exposição de arte no estilo galeria. A loja conceito é um lugar hype, que apresenta multiambientes versáteis dentro do enfoque de proporcionar ao cliente uma compra prazerosa em um espaço dedicado ao seu estilo de vida.

O MUNDO DE OLHO NO MERCADO BRASILEIRO

Foi discutida anteriormente a fama que o Brasil tem conquistado no mercado externo. Por sorte, não é só desse modo que o Brasil é reconhecido em outros países. Os empresários estrangeiros estão perdendo o medo de investir no mercado brasileiro.

Diversas marcas estrangeiras abriram suas lojas no Brasil. Em São Paulo, temos lojas que atingem um público seleto, como Burberry, Armani, Versace, Prada e Valentino. No Rio de Janeiro, apesar de alguns shoppings terem seu mix voltado para a classe A+, em geral, o público que as lojas estrangeiras estão visando não é tão elitizado. Zara expandiu seu número de lojas em shoppings como Rio Sul e Shopping Leblon. Segundo o conceito de loja ampla, a Zara ocupa grandes espaços nos shoppings e em diversas cidades do Brasil. Com um conceito novo de ponto de venda, elas são amplas, oferecem poltronas para descanso e mais de um estilo nas coleções apresentadas. Por exemplo, na mesma loja encontramos roupas clássicas masculinas, femininas, infantis e uma linha mais jovem.

Enfim, essas lojas oferecem vestuário requintado para toda a família, fazendo com que os consumidores não se sintam em uma loja de departamentos. A abordagem dos vendedores também é diferente. Eles se colocam à disposição do consumidor sem parecerem inconvenientes, como acontece em algumas lojas de menor porte. Essas pessoas deixaram de ser vendedoras para se tornarem consultoras de moda, caso o consumidor precise. Houve um grande desafio de adaptação a um mercado completamente diferente.

A GERAÇÃO "Z"

Segundo o instituto de pesquisa americano Pew Research Center, fazer recortes geracionais e analisar as gerações oferece "uma forma de entender como acontecimentos globais, econômicos e sociais interagem entre si para definir a forma como vemos o mundo".[11]

Em meados da década de 1990, surge no mercado uma nova geração consumidora, a geração "Z", que sucede os baby boomers, a geração "X" e a "Y". Enfim, são os jovens que, em alguns anos, estarão dominando o mercado de trabalho, tornando-se a massa dos novos consumidores.

---

[11] G1. "O que é a geração alfa, a 1ª a ser 100% digital". Disponível em: https://g1.globo.com/economia/tecnologia/noticia/2019/05/29/o-que-e-a-geracao-alfa-a-1a-a-ser-100-digital.ghtml. Acesso em: 29 mai. 2019.

Essa geração não conhece o mundo sem computador, chats ou telefone celular. Tem como uma das suas principais características de comportamento estar ligada a diversas atividades ao mesmo tempo, como ler, ouvir música e atender o celular.

Diferentemente da geração "Y" (nascidos na década de 1980), que formou diversos grupos de identificação, as chamadas tribos, para a geração "Z" pertencer a uma delas é uma questão de modismo. A busca por novidades é um assunto corriqueiro no dia a dia desse grupo, que é bastante interconectado e ligado a tecnologia. Sua vida é regada a muita informação, pois tudo o que acontece é noticiado em tempo real e, muitas vezes, esse volume imenso acaba se tornando obsoleto em pouco tempo. Essa característica multitarefa que a tecnologia possibilitou vem acompanhada de pontos positivos e negativos no mercado de trabalho. De um lado, esses jovens terão uma integração total com a tecnologia, o que os capacita a interagir em diversas frentes ao mesmo tempo. De outro lado, se não forem bem direcionados terão dificuldade em focar em suas atividades, com sua atenção dispersa e dificuldade em se concentrar em uma só ocupação.

As fronteiras geográficas, que outrora mantinham os continentes léguas uns dos outros, nem passam pela cabeça dos integrantes da geração "Z". Para eles, a globalização não foi um valor adquirido no meio da vida a um custo elevado; aprenderam a conviver com ela já na infância.

No Brasil, a geração "Z" deveria estar toda empregada no mercado de trabalho, pois se trata de pessoas nascidas entre 1997 e 2010. Para esse grupo, ainda se deve oferecer por enquanto experiência híbrida entre compra online e física.

Como podemos notar neste capítulo, o mercado revela diversas tendências. Para os profissionais que têm alguma ligação com varejo, estar "antenado" com elas é fundamental. Foram citadas as tendências que estão prestes a se concretizar; porém outras já estão se formando, e, a cada ano, mais mudanças de mercado vão ocorrer. A falta de visão em relação a essas tendências pode deixar um empresário de varejo em desvantagem em comparação à concorrência.

Por causa disso, vamos destinar mais espaço para a primeira geração 100% digital, geração alfa, consumidores do futuro.

As crianças nascidas a partir de 2010 fazem parte de uma nova geração, chamada de alfa. São os filhos dos millenials, para quem o mundo analógico ficava em um passado longínquo e a tecnologia é uma extensão de sua forma de conhecer o mundo.

Essa geração alfa está na mira do marketing e será protagonista do início de uma relação afetiva entre seres humanos e máquinas, ou seja, inteligência artificial. As empresas precisam conhecer os consumidores no futuro próximo.[12]

---

[12] CONSUMIDOR MODERNO. "Veja como a geração alpha vai influenciar o nosso comportamento". Disponível em: https://www.consumidormoderno.com.br/2019/05/08/geracao--alpha-comportamento/. Acesso em: 8 mai. 2019.

PALAVRA FINAL

O término de cada fase da engrenagem da moda significa o recomeço da próxima. O ciclo da moda funciona continuamente, sem nunca parar... A não ser em casos extremos – como durante guerras mundiais, que mudam o rumo da humanidade –, este livro nunca terminará. Quando ele for todo lido, uma nova fase de busca se iniciará: a busca pelo segmento de mercado em que se quer atuar. E mesmo que se tenha ingressado no mercado de trabalho, ele servirá sempre de guia de consulta.

Ao olhar o conteúdo de todos os capítulos, é possível absorver dados de um assunto tão complexo, mas bem presente no mundo contemporâneo. É gratificante reconhecer que há um significativo número de segmentos do mercado para quem quer trabalhar com moda. Cada um deles é formado por um vasto leque de profissões, que proporcionam aos novos talentos alternativas para desenvolverem o trabalho de sua preferência.

Em *As engrenagens da moda*, abordamos os segmentos que consideramos essenciais. Um livro que englobasse todas as opções oferecidas por essa área precisaria ser atualizado quase que uma vez ao ano, já que profissões surgem, desaparecem e modificam-se em um processo contínuo.

Com a visão global do mercado da moda apresentada neste guia, esperamos ter contribuído com informações relevantes para todos os que desejam entender a dinâmica desse universo fascinante e multifacetado – sejam iniciantes, sejam experientes profissionais.

Nosso especial voto de boas-vindas a você, que está dando os primeiros passos em direção a essas engrenagens. Esperamos ter proporcionado a orientação necessária para a escolha do caminho, ou caminhos, que você deseja trilhar. Será para nós uma grande satisfação continuar colaborando com o seu aprendizado neste momento em que uma nova fase se inicia. Logo, não deixe de registrar nossos emails para que possamos estabelecer um frutífero intercâmbio de informações. Conte conosco e...

Boa sorte!

Marta Kasznar & Daniela Dwyer
martackasznar@gmail.com
dwyerdaniela@gmail.com

A Editora Senac Rio publica livros nas áreas de Beleza e Estética, Ciências Humanas, Comunicação e Artes, Desenvolvimento Social, Design e Arquitetura, Educação, Gastronomia e Enologia, Gestão e Negócios, Informática, Meio Ambiente, Moda, Saúde, Turismo e Hotelaria.

Visite o site www.rj.senac.br/editora, escolha os títulos de sua preferência e boa leitura.

Fique atento aos nossos próximos lançamentos!

À venda nas melhores livrarias do país.

Tel.: (21) 2018-9020 Ramal: 8516 (Comercial)
comercial.editora@rj.senac.br
Fale conosco: faleconosco@rj.senac.br

Este livro foi composto nas tipografias Karbid Slab Pro e Futura Std, impresso pela Imos Gráfica e Editora Ltda., em papel offset 90 g/m², para a Editora Senac Rio, em novembro de 2022.